기쁨공식

기쁨공식

초판 1쇄 인쇄 | 2011년 5월 10일
초판 12쇄 발행 | 2023년 1월 4일

지은이 | 김인강
취재 및 정리 | 이기섭
펴낸이 | 신은철
펴낸곳 | 좋은씨앗
출판등록 제4-385호(1999. 12. 21)
주소 | (06753) 서울시 서초구 바우뫼로 156(양재동, 엠제이빌딩) 402호
주문전화 | (02) 2057-3041 주문팩스 | (02) 2057-3042
페이스북 | www.facebook/goodseedbook
이메일 | good-seed21@hanmail.net

이 책의 저작권은 저자와 독점 계약한 도서출판 좋은씨앗에 있습니다. 신저작권법에 의하여 한국 내에서 보호를 받는 저작물이므로 무단전재 및 복제를 금합니다.

ISBN 978-89-5874-169-5 03810

printed in KOREA

장애를 딛고 인생을 기쁨공식으로 풀어낸
한 수학자의 자전 에세이

기쁨공식

김인강 지음

좋은씨앗 ESP

Joy(y) = y; (God's love)(y's sign)

차례

추천의 글   6

프롤로그_ 나는 웃는다   16

1. 밥은 먹고 살 수 있을까?   19

2. 하나님의 침묵 앞에서   31

3. 당신은 왜 사나요?   51

4. 불완전한 자에게 두신 완벽한 계획   67

5. 버클리를 향하여   93

6. 수학의 아름다움   115

7. 숨어 있는 아름다운 꽃들   153

8. 기쁨공식   185

9. 하나님이 웃게 하심으로   215

에필로그_ 거룩한 일상   249

추천의 글 _

홍정길 (남서울은혜교회 담임목사)

이 책을 읽다보니 한꺼번에 많은 생각이 떠올랐다. 우리 가족 9남매 중 막내가 소아마비여서 그 아이가 걷지 못하는 모습과 평생 고통으로 중첩된 많은 일들을 옆에서 지켜보았기 때문일 것이다. 그리고 누이동생이 신앙의 힘으로 장애를 딛고 인생을 당당하게 만드는 현장도 목격했다.

그 깊은 절망의 늪, 그곳에서 하나님은 사람으로는 할 수 없는 일을 행하신다. "이 불행, 이 고통은 그 부모의 죄도 아니고 본인의 죄도 아니다"라고 주님은 말씀하셨다. 그러나 왜 그렇게 되었는지 설명해주지 않는 주님은 고통 중에서도 하나님만이 할 수 있는 일을 행하실 것이라고 말씀하셨다.

그런 삶이 김인강 교수의 생애 속에 드러났다. 주님이 함께하심으로 수많은 좌절의 허들을 뛰어넘은 그의 생애가 이 땅의 고통 받는 사람들에게 길잡이가 되어주리라 확신한다. 유려한 필치로 지난날을 섬세하게 기록한 이 책에서 주님이 한 사람의 마음속에 주신 지혜로움을 보게 된다. 우리나라에도 이런 귀한 분들의 기록이 자랑으로 이야기 되는 축복의 날이 오길 바란다. 기록된 대로 많은 사람들은 장애를 보며 외면해버리지만 하나님은 그 고통을 통해 하나님의 하나님 되심을 드러내는 귀한 역사를 행하신다.

지금은 무신의 시대라고 말한다. 신앙이 과연 의미 있는가를 논하며 조롱하는 때에 여기 하나님이 살아 계심을 말하는 책이 출판된 것을 진심으로 감사히 여긴다. 앞으로 저자의 생애가 주님의 부름이 있는 날까지 얼마나 더 영광스럽고 크신 하나님을 드러낼지 기대해 본다. 이 책을 읽는 독자들에게 살아 계신 하나님의 영광스러움을 만나는 축복이 있길 소원한다.

이승장 (예수마을교회 목사, 성서한국 공동대표)

눈물 없이 읽을 수 없다. 웃음 없이도 읽을 수 없다. 시련 앞에서 좌절하는 청년들에게 "내 고난은 잽도 안 되는구나!" 하고 정신 번쩍 나게 하는 선배의 눈물 어린 격려다. 베스트셀러가 된 어떤 청춘론과는 격을 달리하는 대양처럼 깊고 너른 인생철학이다. 예수님보다 '긍정의 힘'을 더 믿고 십자가 없는 기독교 신앙에 만족하는 이름뿐인 신자들에겐 예수의 십자가 고난과 부활의 복음이 얼마나 영광스러운지, 우리가 믿는 예수님이 중증장애 때문에 팽개쳐질 뻔한 한 인간의 운명을 어떻게 명작 인생으로 역전시킬 수 있는지 깨우쳐줄 것이다.

김인강 교수는 내가 만난 사람들 가운데 가장 멋있고 따뜻한 형제다. 수양회에서 영어나 불어 시를 줄줄 읊는가 하면 첼리스트인 아내 박희령과 함께 플루트를 연주할 때면 제법 폼 나는 음악인이다. 그의 글엔 수학자의 논리를 넘어 인문학적 교양과 청년들을 향한 애틋한 사랑이 드러난다. 인생의 의미를 묻는 구도자의 치열한 열정, 학문하는 바른 자세, 직업과 소명, 소설보다 더 소설 같은 연애와 결혼 이야기, 맛깔스런 가정과 자녀 교육, 인간관계의 힘겨움과 그 속에서 누리는 기쁨의 비밀공식도 들려준다. 한 해의 절반은 프랑스에서 지내며 연구와 강의를 하는 그는 세계인의 눈으로 우리 사회의 치명적 질병인 교육문제와 사회문제를 예리하게 비판하면서도 신앙인으로서 대안을 제시한다. 세계적 명성을 얻은 수학자답게 수학을 잘 할 수 있는 팁과 수학의 즐거움에 관해서도 맛있게 소개한다.

그는 아직도 고통을 온몸으로 껴안고 있지만 그럼에도 아름답고 풍성한 인생을 살고 있다. 그처럼 부요한 삶을 가능케 하신 생명의 주인을 향한 사랑과 감격이 있기 때문이다. 그는 주님과의 친밀한 교제가 기독교 신앙의 본질이라는 것과 아무리 바빠도 성경을 가르치며 사람을 사랑하고 키우는 일에 최우선 순위를 두는 평신도 목자의 모습을 삶으로 자연스럽게 보여준다. 그가 청년예배 시간에 설교를 하면 청년들은 눈물을 흘린다. 주일마다 그와 함께 주를 예배하는 것만으로도 나는 감사한다.

김회권 (숭실대 기독교학과 교수, 교목실장)

「기쁨공식」을 읽는 마음은 내내 젖는다. 아주 이른 시기에 어렵고 고달픈 인생의 짐을 감지하면서 조용히 절망하는 소년의 탄식에 마음이 무너져 내린다. 그러나 그의 영혼에 하나님의 찬란한 은총의 햇살이 비치면서 독자들의 심금은 다소 이완되기 시작한다.

이 책은 고통을 미화하거나 불편한 몸으로 살아가는 사람이 거둔 엄청난 신앙의 승리를 찬양하지 않는다. 그것은 고통과 함께 살아가기를 체득한 한 영혼의 기도와 희망의 노래다. 또한 그것은 피조물의 한계 안에서 느끼는 고단한 아쉬움과 눈물에 녹아 있다. 그래선지 이 책에는 현재 절망하고 음울한 협곡 같은 고난의 길을 가는 사람들을 위로하는 힘이 있다.

저자는 고통과 한숨 너머로 금방 완전한 평화와 행복이 찾아온다고 말하지 않는다. 인간이 감당해야 할 고난과 고독의 정량은 항상 인생의 잔에 남아 있다고 말한다. 그래서 더욱 현실감 있고 감동적이다. 김인강 교수의 신앙 여정을 담은 이 책은 지금 쓰러져 울고 있는 사람, 이제 막 불행의 계곡 아래 굴러떨어진 영혼에게 하나님의 미소를 비추어준다. 지극히 담담하고 투명한 수채화 같은 어린 시절의 묘사와 후반부로 갈수록 성찰적이고 분석적이 되어가는 저자의 문체는 서로 절제된 조화를 이루며 각 장마다 새로운 울림을 만들어 낸다.

나의 고단한 20-30대 12년의 대학선교 사역은 김인강 형제같은 젊고 순수한 청년들의 눈빛과 조우하면서 더욱 감동에 찬 하나님의 드라마로 편입되었다. 1980년대 중반 가장 엄혹한 관악산자락에서 인강 형제와 보낸 세월은 내 영혼의 가장 찬란한 시간 중 한때였다.

부디 이 책이 마음이 너무 아파서 혹은 육신의 고통이 너무 고달파서 장엄한 인생의 선물을 포기하려는 사람들에게 눈물의 교향곡처럼 읽히길 간절히 빈다.

신병준 (분당샘물중학교장, 좋은교사운동 이사장)

이 책을 읽으면서 참 행복했다. 귀하고 보배로운 김인강 교수를 만나는 설레임도 컸다. 이런 분을 제자들에게 소개하고 직접 만나게 해주고 싶었기 때문이다. 우리 학교는 사교육에 의존하지 않고 '자기주도학습'으로 학생들을 키우고 있기에 롤모델이 절실하다. 장애를 딛고 일어섰을 뿐만 아니라 자신과 싸우며 스스로 배움의 즐거움을 터득해간 모습은 이 시대의 십대와 대학생들에게 좋은 본이 될 것이다. 수학이라는 학문을 예술적으로 승화시킨 부분은 기존의 통넘을 뛰어넘는 놀라움이었다. 소명에 대해 명쾌한 답을 준 것도 매우 소중한 배움이었다. 우리 사회의 교육현실과 그 대안을 제시한 대목에선 마음이 시원해지고 감사와 기쁨을 느꼈다.

정병오 (좋은교사운동 대표)

"하나님은 모든 인생을 똑같이 사랑하신다." 하지만 "하나님은 모든 인생에게 다른 재능과 환경을 주셨다." 이 모순된 명제 앞에서 우리는 많이 힘들어하고 좌절한다. 이 모순에 대해 김인강 교수는 "우리 각자를 향한 하나님의 뜻이 다르고 각자를 통해 하나님이 받으시고자 하는 영광의 모습과 분량이 다르다. 결국 우리는 인생에 주어진 한계 너머에 있는 하나님의 뜻을 발견하고 응답해가야 한다"는 것을 삶으로 보여주고 있다.

안재성 (BIM Corporation 대표)

우리 인생은 어려운 수학 문제를 푸는 것처럼 힘든 과정이지만 수학 잘하는 비결을 터득한 학자답게 김인강 교수는 삶의 어려운 문제들을 잘 풀어가고 있다. 그 지혜가 진솔하게 이 책에 담겨 있다. 눈에 보이지 않으나 지금까지 그를 인도해오신 하나님의 살아 계심을 생생하게 증거한다. 연약한 부분을 통해 오히려 우리의 삶 전체를 새롭게 디자인 하시는 하나님의 사랑을 때론 격렬하게 때론 잔잔하게 느끼게 될 것이다.

전호태 (울산대 역사문화학과 교수)

김인강 교수는 내가 존경하는 후배다. 남보다 뛰어나거나 의지가 강해서가 아니라 선하고 겸손한 눈빛을 통해 내면의 깊은 인격이 전해져서라고 할까. 우리는 환경에 갇히기 쉽다. 환경을 넘어서고 잘 활용하는 이가 있는가 하면 그 앞에서 무너지는 이도 있다. 김인강 교수는 환경과 씨름하기보다는 그 너머에 있는 하나님의 계획을 보고 그분께 모든 것을 맡긴 사람이다. 그의 이야기가 우리 모두의 삶의 고백이 되기를 간절히 기도한다.

장달식 (시인, 두산인프라코어 상무)

김 교수는 후배지만 오랜 동역자이고 인생을 더욱 깊게 생각하게 한다. 이 책은 단지 한 천재의 깊이를 조율하기 위해 하나님이 허락하신 아픔을 이겨낸 이야기가 아니다. "우리에게 삶이란 무엇인가?", "기독 지성인의 길은 무엇인가?", "삶은 얼마나 살아갈 가치가 있는가?" 등을 가슴으로 전하고 있는 영혼의 외침이다.

김영란 (장애전담보육시설 서울베다니어린이집 원장)

오늘날에도 우리 사회에선 장애 자체보다는 장애로 인해 받는 여러 가지 불이익과 편견이 문제가 되고 있다. 장애로 당사자뿐만 아니라 가족의 삶까지 벼랑으로 내몰리는 상황에서도 기뻐할 수 있는 비결은 주님과 연합하는 자만 얻을 수 있는 축복의 증거일 것이다. 절망을 겪고 있는 많은 이들이 전혀 다른 시각으로 자신을 바라보고 어려움을 이겨나갈 '기쁨공식'을 알려주는 책이다.

베르나 피상보노 (Bernard Picinbono, 전 오르세이 대학 총장 및 물리학과 교수)

한국은 정치적 긴장감이 돌 때만 가끔 화제에 오르는, 프랑스인에겐 멀기만 한 나라다. 하지만 김인강과 그의 가족 덕분에 우리에게 무척이나 가까운 나라가 되었다. 우리와 공유한 하나님에 대한 믿음과 인격, 거기서 나오는 평온하고 미소 가득한 그의 용기에 감탄한다.

그것들은 그의 수학 연구를 더욱 높은 차원으로 이끌고 있다.

라켈 디아즈 산체스 (Raquel Diaz Sanchez, 마드리드 콤플루텐세 대학 수학과 교수)

김인강의 이야기는 나에게 깊은 감명을 준다. 삶에 대한 포용력과 믿음이 조화를 이루어 심오한 평안함 속에서 오직 앞을 보고 나아가게 하는 힘이 된다. 이 책에 선명하게 담긴 모든 것들이 우리에게 큰 선물이 되고 있다.

프랑스와즈 달보 (Francoise Dal'Bo, 프랑스 렌 대학 수학과 교수)

인강? 그는 땅과 상상의 세계를 다니는 여행자다. 전진하도록 운명 지어진 사람이다. 그래서 정신 앞에선 육체는 아무것도 아니라는 것을 증명한 사람이다. 무엇보다 나의 소중한 친구다.

김성희 (ESF 대표, 신반포교회 협동목사)

저자가 서울대 교수로 있던 8년간 나는 ESF 사역자로 그와 함께 동역할 수 있는 특권을 누렸다. 그는 매주 참 목자의 모습으로 학생들의 식사를 섬기며 성경공부 모임에 참여하는 '일상의 거룩함'을 추구했다. 김인강 교수가 정년이 보장된 서울대 교수직을 떠난다고 했을 때 그를 설득하고자 만난 적이 있다. 그러나 자신을 수학자로 세우신 '유일한 청중' 앞에서 결정한 과정을 듣고는 만류할 수 없었다. 우리의 삶이 자꾸 무너지고 흔들리는 이유는 유일한 청중이 아닌 수많은 청중을 의식하기 때문이다. 그의 '기쁨 공식'은 '유일한 청중', 하나님 앞에서 사는 비밀을 알려준다. 그분에 의한, 그분을 향한, 그분을 위한 삶을 결정하는 법을 볼 수 있다. 한 손에는 성경, 한 손에는 수학책을 든 저자의 이야기를 통해 독자들이 하나님을 웃게 하는 사람, 하나님으로 웃는 사람이 되길 기도한다.

김성진 (연합뉴스 기자)

김인강 님은 수학자라고 보기엔 온유하고 따스한 눈빛을 가졌다. 이 책을 읽으면서 고난 가운데 몸소 함께하신 하나님을 통해 삶의 '기쁨공식'을 어떻게 발견하는지 알게 된다. 그를 인터뷰한 선배 기자는 아직 신앙을 갖지 않았지만 그의 이야기에 큰 감동을 받았다고 한다. 기쁨공식이 인생에 보편적으로 적용됨을 새삼 느낀다.

프롤로그_ **나는 웃는다**

내겐 두 다리로 서 본 기억이 없다. 두 살 때 소아마비를 앓았고 소위 말하는 앉은뱅이가 되었다. 비료부대 위에 엎드려 한 손으로는 땅을 짚고 다른 한 손으로는 부대를 잡아끌며 흙바닥 위를 다니는 나를 보고 사람들은 혀를 찼다. 그들은 내가 거지가 될 거라고 생각했을 것이다. 하지만 하나님의 계획은 달랐다.

밤하늘의 달과 별을 오랫동안 바라본 경험이 있는지. 시골에서 태어난 나는 여름이면 마당에 멍석을 깔고 누워 달과 별과 은하수를 바라보며 잠이 들곤 했다. 내겐 특별히 기억나는 달들이 있다. 아주 어렸을 때 아버지의 술주정을 피해 과수원으로 도망 나온 엄마 등에 업혀 바라보던 차가웠던 초겨울 달. 대학교 1학년 때 신림동의 잿빛 하늘에 떠오르던 어둡고 우울했던 달. 꿈을 안고 떠난 유학길에 외롭고 힘들면 찬송가를 부르며 바라보던 샌프란시스코 만 위에 덩실하게 뜬 달. 삶에 지치고 피곤하여 떠났던 인도 라지스탄 사막의 모래사구 위로 떠올라 몽롱하게 빛나던 달. 지금 바라보고 있는 달은? 웃는 달이다. 나는 시편의 기자처럼 달과 별을 바라보며 노래한다.

> 주의 손가락으로 만드신 주의 하늘과 주께서 베풀어 두신 달과 별들을 내가 보오니 사람이 무엇이기에 주께서 그를 생각하시며 인자가 무엇이기에 주께서 그를 돌보시나이까 그를 하나님보다 조금 못하게 하시고 영화와 존귀로 관을 씌우셨나이다(시 8:3-5).

춥고 서글펐던 내 인생의 달이 이제는 신의 섭리와 은혜를 드러내는 달이 되었다. 연구실 밖으로 보이는 하늘은 푸르름과 생명의 기운으로 가득 차 있다. 서울대를 떠나 북한산자락에 자리 잡은 고등과학원(KIAS)의 교수로 이 조용하고 아담한 연구실을 지킨 지도 벌써 2년이 훌쩍 지났다. 3년 전 이맘때쯤 나는 강의실에서 하얀 분필가루를 날리며 스톡스(stokes)의 정리와 위상공간, 표현론

(Representation theory)에 대해 강의하고 있었으리라.

지난 40여 년의 세월은 촌음같이 짧은 시간이었다. 병들고 외로웠던 어린 시절, 가난하고 고달팠던 청소년기, 어디로 가야 할지, 무엇을 해야 할지 알지 못해 방황하며 원망하던 대학 시절 그리고 광야와 같았던 유학 시절을 지나 카이스트, 서울대, 고등과학원 교수로 재직하기까지 돌이켜보면 꽤나 많은 일들이 일어났다. 그 가운데 내 인생의 모퉁이에서 언제나 지켜보고 계셨던 그분, 혹독한 삶의 질곡에 눌려 미소마저 잃어버린 나를 웃게 하고 기쁨으로 띠 띠우신 나의 하나님 이야기를 빼놓을 수 없다.

이성의 꽃인 수학, 그 중 위상수학을 전공한 수학자가 만난 하나님 그리고 그분 안에서 발견한 기쁨공식, 그 이야기를 지금 시작하려고 한다.

1. 밥은 먹고 살 수 있을까?

옛날 날마다
내일은 오늘과 다르길
바라며 살아가는
한 아이가 있었습니다.
_〈동화〉, 글로리아 밴더빌트

두 다리를 잃다

어린 시절 서지도 걷지도 못하는 나는 병원도, 학교도, 전기도 없는 외딴 동네에서 혼자 지내야 했다. 부모님은 새벽부터 복숭아 과수원으로 일하러 나가시고 형과 누나들도 학교에 가고 나면 나는 홀로 방안에 누워 있었다. 혼자 놀다 잠들고 또 혼자 깨어났을 때의 적막함. 긴 터널을 막 빠져나온 것 같은 몽롱한 침묵. 아직도 그 침묵의 무게를 느낄 수 있다. 서너 살짜리 어린아이였지만 고독이 무엇인지, 외로움을 어떻게 견디는지 나는 배워 나가야만 했다.

친구라고는 어린 병아리들과 강아지들, 봄이면 찾아주는 벌과 나비들 그리고 이름 모를 새들, 마당에 지천으로 피던 작은 꽃들, 그들이 전부였다. 볼을 간질이던 따스한 봄볕, 황량한 앞뜰에서 희망처럼 꿈틀거리며 하늘로 올라가던 아지랑이, 뒤뜰에 피던 연분홍 봉숭아, 원추리, 붓꽃들, 우물가의 포도나무와 보리밭 위로 날아오르던 종달새의 노래, 5월의 아카시아 꽃향내, 신작로에 피던 코스모스의 한들거림.

아, 나는 이들을 지금도 생생하게 기억하고 있다. 아마도 이것이 내 어린 시절 아련한 기억의 모든 것이기 때문일 것이다.

빨간 장화를 신고 아장아장 마실 다니며 잘 놀던 내가 갑자기 붉은 토마토를 모두 게워낸 건 두 살이 되었던 1968년 여름 즈음이었다. 며칠 동안 고열에 헛소리를 심하게 하고 부어오른 살이 누르면 쑥 들어간 채 올라오지 않자 어머니는 나를 읍내 병원으로 데려가셨다. 의사는 감기에 체한 거라는 진단을 내렸다. 보름쯤 앓고 나서 열은 떨어졌지만 나는 일어서지 못했다. 놀란 어머니가 나를 둘러업고 다시 병원으로 달려갔을 땐 이미 늦어버리고 말았다.

내 의식의 가장 밑바닥에 있는 최초의 기억이 있다면 엄마 품에 안겨 석양을 바라보던 내 모습이다. 어머니는 사방팔방으로 수소문해 용하다는 한의사와 병원을 찾아다니셨다. 네다섯 살쯤 되었을 때였던가. 순천에 살고 계시던 고모님이 미국에서 온 의사가 있다고 해서 기대를 품고 찾아간 적이 있었다. 의사는 너무 늦어 가망이 없다고 했다.

엄마는 나를 업고 나오며 무척이나 서글프게 우셨다. 엄마의 여윈 등에 머리를 묻고 나도 엄마를 따라 엉엉 울었다. 기차를 타고 집으로 돌아오면서 차창 밖으로 스쳐 지나가는 먼 산 너머로 뉘엿뉘엿 해가 졌다. 붉게 노을 진 해거름을 나는 넋 나간 아이처럼 물끄러미 바라보았다. 본능적으로 느꼈던 것 같다. 내 인생도 저렇게 서글프게 지는 석양처럼 평생 가슴앓이를 하며 살아가야 하겠구나 하는 것을. 지금도 지는 해를 보면 그때의 기억이 떠올라 가슴이 젖어든다.

그 후 사촌누나의 소개로 서울에 있는 큰 병원에 간 적도 있었다. 처음 타는 시외버스 안은 사람들로 만원이었다. 가뜩이나 울렁거리는 데다 매캐한 냄새까지 겹쳐 엄마와 나는 참다 참다 결국 다 토하고 말았다. 그런 경황 중에도 복잡한 휴게실과 굽은 허리로 길거리에서 껌을 팔던 할머니들과 차가 정차하면 물건이 잔뜩 담긴 목판을 목에 걸고 악착같이 버스 안으로 올라와 장사하던 아저씨들의 모습을 보았다. 살아내야만 하는 인생의 여정이 그들에게도, 또 나에게도 결코 쉽지 않으리라는 것을 알았다.

사촌누나가 식모로 일하던 집에 며칠 동안 머물면서 유명하다는 의사를 만나려고 매일 병원으로 찾아갔다. 하지만 그 의사 역시 재활치료밖에는 방법이 없다고 했다. 우리 형편으론 어림도 없는 일이었다. 엄마는 나를 다시 업고 집으로 돌아오셨다. 부모님은 마당 한 모퉁이에 내가 잡고 걸음마 연습을 할 수 있도록 철봉대 비슷한 것을 만들어주셨다.

논산군 연무읍 마전리. 신작로에서도 한참이나 걸어와야 하는 외딴 곳 복숭아밭 모퉁이에 우리 집이 있었다. 찾아오는 사람이라고는 강경의 갈치장수 아줌마와 우편배달부가 전부였다. 엄마는 그 사람들을 붙들고 땅이 꺼져라 걱정을 하셨다.

"이 녀석이 밥이나 먹고 살아야 할 텐데. 내가 죽고 나면 이 아이를 어떻게 하나."

사람들은 어린 게 뭘 알까 했겠지만 그 말은 나의 영혼에 비수처럼 꽂혔다. 나는 불안과 악몽에 시달렸다. 몇 살 때까지인지 기억은 나지 않지만 나선형의 깊고 어두운 구멍에 빠지는 꿈을 꾸다 한밤중에 벌떡 일어나곤 했다. 그때마다 창호지로 스며들던 하얀 달빛에 몸을 떨어야 했다.

갖다버려, 갖다 파묻어버려

어머니는 밭에서 일하실 때 나를 복숭아나무 밑에 앉혀놓으셨다. 호미로 밭을 매던 엄마가 간간이 아픈 허리를 일으켜 새까맣게 그을리고 고단한 얼굴을 들어 나를 보고 웃어주셨다. 나는 멀리 보

기차를 타고 집으로 돌아오면서 차창 밖으로 스쳐 지나가는 먼 산 너머로 뉘엿뉘엿 해가 졌다. 붉은 노을 진 해거름을 나는 넋 나간 아이처럼 물끄러미 바라보았다. 본능적으로 느꼈던 것 같다. 내 인생도 저렇게 서글프게 지는 석양처럼 평생 가슴앓이를 하며 살아가야 하겠구나 하는 것을.

이는 저 산 너머 저 하늘 너머에는 무엇이 있을까, 어떤 사람들이 살까 상상해보곤 했다.

내 주위에는 닭들과 강아지들이 모여들었다. 유일한 친구들이었다. 그들도 개성이 다 달랐다. 사나운 놈, 연약한 놈, 비겁한 놈, 욕심 많은 놈, 교활한 놈, 그 중 키가 껑충하게 큰 닭에게 나는 '키커'라는 이름을 붙여주었다. 그 녀석들과 계속 붙어 있다보니 닭의 언어도 이해하게 되었다. 수탉이 암탉을 유혹할 때는 낮은 바리톤으로 "또그독 또똑 또그독 또똑" 음흉하게 울었다. 족제비가 나타날 때나 위험할 땐 고개를 높이 들고 꼬리를 치켜세우며 "꼬꼭 꼬꼭" 하고 날카로운 소리를 질러댔다.

어린 나는 벌레 한 마리를 잡아놓고 "꼬 꼬 꼬 꼬" 하며 닭들을 불러 모았다. 닭들은 나를 그들의 동료로 인정해주었다. 그러나 식구 중에 누군가 생일이 돌아오면 엄마는 닭을 잡아 반찬을 만드셨다. 내 친구 닭이 밥상에 오르면 나는 슬퍼서 먹지 못했다.

과수원은 일이 많았다. 이른 봄부터 나무를 손질하고 딸기를 심고 여름이면 밤늦게까지 복숭아를 따서 크기대로 골라 상자에 담았다. 아버지는 학교를 안 다녀 한글과 숫자를 몰랐지만 복숭아상자 수와 값을 정확하게 계산해내셨다. 서울에서 온 큰 트럭에 상자들을 싣고 나면 어느새 새벽이 되었다. 복숭아 수확이 끝나가면 담배 잎을 따서 비닐하우스에서 말려 꼭지를 지었다. 밭에는 벼와 깨, 콩, 감자, 고구마를 심었다.

1년을 통틀어 단 하루도 밭에서 손을 뗄 수 없는 고된 노동의 연속이었다. 나는 희미한 호롱불에 의지하여 바쁘게 움직이는 식구들을 반쯤 졸린 눈으로 바라보곤 했다. 마당 한구석에 피워놓은 모깃불의 매운 연기를 맡으며 하늘에 지천으로 깜박이는 별들의 자장가를 들으며 혼자 잠이 들었다.

어머니는 밭에서 일하다가 새참 때가 되면 바삐 막걸리와 김치 등을 준비하셨다. 점심때가 되면 폭염의 뙤약볕에서도 일꾼들이 먹을 밥을 지으시느라 얼굴이 벌게져라 장작을 땠다. 나는 종종 바쁜 어머니를 도와 장작이 꺼지지 않게 부뚜막 앞에 앉아 불을 지폈다. 한 여름의 장작불은 얼굴과 온몸을 구워내듯 뜨거웠다. 일꾼들은 흙 묻은 손으로 큰 냄비에 밥을 담아 순식간에 허기진 배를 채웠다. 개중엔 집에 있는 어린자식들까지 데려와 점심을 먹이는 아주머니들도 있었지만 엄마는 참 관대하셨다.

점심 후에는 고된 몸을 달래느라 30분 정도 낮잠을 잤다. 쳐다만 봐도 찡그려지는 한낮 태양은 땀과 흙으로 뒤덮인 일꾼들의 고된 영혼들을 노곤하게 만들었다. 밀짚모자와 하얀 수건으로 얼굴을 가린 농부들은 그 속에서도 달게 잤다.

기세등등하던 태양의 기운이 한풀 꺾이는 저녁이 되면 일꾼들은 녹초가 된 몸을 이끌고 집으로 갔다. 부모님과 학교에서 돌아온 형, 누나들이 막바지 정리를 하느라 우리 가족은 늦은 저녁을 먹었다. 하루의 고됨으로 모두 코를 골며 곯아떨어진 한밤중에도 어머니는 쉬지 못하셨다. 밀린 빨래와 설거지, 다음 날 식사 준비로 새벽이 가까워서야 겨우 토막잠을 청하셨다.

고된 노동은 아버지가 우리에게 주는 고통에 비하면 오히려 가벼웠다. 아버지의 술버릇은 가족들에게 큰 상처를 주었다. 매일 술을 마시고 거나하게 취해 돌아오시는 아버지의 기척이 나면 식구들은 조마조마했다. 이윽고 밥상이 날아가고 아버지가 주먹을 휘두르기 시작하면 형과 누나들은 밖으로 달아났다. 꼼짝 못하는 나는 엄마나 누나가 업고 뛰어야 했다. 너무 급해 아무도 나를 챙겨주지 못할 땐 나 혼자 공포에 시달려야 했다.

아버지는 엄마를 붙들고 괴롭혔다.

"인강이를 지금 갖다버려. 지금 당장 갖다가 파묻어버리라고."

전쟁을 치른 듯한 긴 밤이 깊어가면 어머니는 나를 무릎에 앉히고 꼭 끌어안아주셨다.

"내가 너 때문에라도 살아야지…."

쓰다듬어주시는 어머니의 거친 손길을 나는 평생 가슴 깊은 곳에 묻었다.

이런 학생은 받을 수 없어요

정지한 것 같은 어린 시절이 그렇게 몇 년 흘렀다. 바로 위의 누나가 혹시나 나를 데리고 학교에 같이 다닐 수 있을지 몰라 나이를 늦춰 아홉 살에 초등학교에 입학했다. 하지만 나를 업고 다니기에는 학교가 너무 멀었다. 학교에서도 허락하지 않았다.

일곱 살 때인가, 엄마가 나를 업고 초등학교에 찾아갔다. 교장 선생님은 혼자서는 서지도 못하는 내 모습을 보고 일언지하에 입학을 거절했다.

"이렇게 불구가 심한 학생은 대책이 없습니다. 받을 수 없어요."

내가 공식적으로 받은 첫 번째 거절이었다.

싸늘한 봄바람을 맞으며 돌아오는 길에 나는 가슴으로 얼마나 많은 눈물을 흘렸는지 모른다.

"아가야, 춥지?"

엄마는 나의 언 발을 당신의 호주머니에 넣어주셨다. 더 이상 무슨 말을 할 수 있었을까? 언 발을 녹여주는 것 말고는 아무것도 해줄 수 없는 어미가 느끼는 아픔의 크기를 내가 감히 어떻게 헤아릴 수 있을까.

결국 나는 열한 살이 될 때까지 집에 머물러 있어야 했다. 무료함을 달래기 위해 집안일을 거들었다. 담배 잎 꼭지도 짓고 콩나물 콩도 고르고 불도 땠다. 아무도 가르쳐주지 않았지만 어깨너머로 한글을 뗐고 혼자서 익힌 계산은 제법 속도가 빨랐다. 집안 살림을 돕느라 공부할 시간이 없는 작은누나의 산수 숙제, 그림 그리기, 글쓰기, 만들기는 내가 도맡았다.

하루 종일 라디오를 들으며 남진, 나훈아 노래를 따라 불렀더니 저절로 음감이 발달했다. 신곡이 나오면 한두 번 듣고 그대로 따라 불러 누나들을 즐겁게 해주었다. 중학교에 다니던 누나가 영어 단어를 외우면 옆에서 나도 같이 외웠다.

낮에 혼자 집에 있으면 형, 누나들이 읽던 책들을 닥치는 대로 읽었다. 앙드레 지드의 소설들과 오 헨리의 「마지막 잎새」, 1940년대부터 1970년대까지의 한국 단편소설들을 호기심으로 읽어냈다. 구압산에 사는 사촌형네서 누군가 빌려온 생 텍쥐베리의 「어린왕자」는 세상에서 가장 외로웠던 나에게 깊은 인상을 주었다. 무슨 의미인지 몰랐지만 여러 별들을 여행했던 어린왕자처럼 나도 이곳에도 가고 저곳에도 가는 꿈을 꾸었다. 하지만 내게 주어진 세상은 외딴 집과 과수원 그리고 밭, 그것이 전부였다.

2. 하나님의 침묵 앞에서

자애로운 신은 왜 살아 있는 모충의 몸속에 알을 낳도록 해서 부화한 유충이
살아 있는 숙주를 몸속에서부터 먹어치우도록 맵시벌을 설계한 것일까?
왜 신은 고양이가 장난삼아 생쥐를 괴롭히게끔 설계한 것일까?
왜 뇌손상을 입어 백치상태로 살아갈 아이가 태어나도록 하는 것일까?
_찰스 다윈이 식물학자 에이서 그레이에게 보낸 편지 중에서

재활원으로

우리 동네에는 시각장애인 한 분이 살고 있었다. 그 아저씨는 조그만 방안에서 아이들에게 껌이나 라면땅 같은 것을 팔았다. 아저씨는 먼저 돈을 받아 만져보고 확인한 다음에 물건을 내주었다. 그러나 개구쟁이 녀석들은 아저씨가 보지 못하는 걸 이용해 수시로 물건을 훔쳐갔다. 이것을 보는 내 마음은 착잡했다. 나는 두 눈을 뜨고 있어도 움직이지 못하니 내 물건을 훔쳐가는 아이들을 그냥 보고만 있을 수밖에 없을 것이다. 앞으로 장사도 못한다면 난 무엇을 해서 먹고 살 것인가.

어머니는 당신이 못 배웠기 때문에 애들만큼은 가르쳐야 한다고 형과 누나들을 학교에 보내셨다. 그러나 아버지는 반대하셨다.

"쓸데없이 애들을 학교에 왜 보내. 집에서 일이나 시키지. 돈 벌려면 장사를 배워야 한다고."

몸이 부서져라 일을 해서 월사금을 내주시는 엄마를 아버지는 쓸데없는 짓 한다고 때리셨다. 둘째 누나가 드디어 일을 저질렀다. 집에서 쌀 한 말을 몰래 들고 대전으로 도망간 누나는 대전여상에 붙었다. 혼자 고학하며 어렵게 학교를 마친 누나는 취직을 하자마자 동생들을 대전으로 불러올리고 학비를 댔다.

어느 날 누나가 나를 불렀다.

"라디오에서 들었는데 너 같은 애들 가는 학교가 있더라. 먹이고 재우고 기술도 가르쳐준대."

엄마 등에 업혀 간 곳은 대전에 있는 성세재활원이었다.

엄마와 누나가 나를 재활원에 입소시키고 돌아선 순간 나는 울지 않으려고 이를 악물었다. 따라가고 싶었다. 아무리 아버지가 술을 먹고 괴롭히는 집이라고 해도 가고 싶었다. 하지만 난 내가 무엇을 해야 하는지 알았다. 거지가 되거나 굶어죽지 않으려면 여기서 공부하고 목각이나 인쇄기술을 배워야 했다.

엄마가 자꾸 돌아보셨다. 나는 억지로 눈물을 삼키고 웃어 보였다. 손을 흔들어주었다.

'엄마, 난 괜찮아요. 난 할 수 있어요.'

나는 열한 살이었다.

첫 싸움

엄마와 헤어지고 새로운 환경에 대한 두려움, 슬픔, 불안이 몰려오기도 전에 옆에 있던 녀석이 다짜고짜 싸움을 걸어왔다.

"야, 너 나 이길 수 있어? 한 판 붙어볼텨?"

그때 처음으로 아무 이유도 없는 싸움이라는 것을 했다. 거기 사는 아이들은 서열을 정하기 위해 무조건 싸움을 거는 게 관례였다. 새로 들어온 나에게 싸움을 건 그 녀석은 주먹질로 내 코피를 터뜨렸다. 나는 쫄다구가 되었다.

처음으로 먹어본 재활원 음식. 세상에서 그렇게 짠 김치를 먹어본 적이 없다. 100여 명의 아이들을 먹여야 하는 재활원 입장에서는 부족한 김치를 감당할 수 없어 그렇게 짜게 만들었으리라. 짠 김치와 마른 단무지로 밥을 허겁지겁 먹는 아이들을 바라보며 나는 식사를 다 끝내지도 못하고 슬그머니 빠져나왔다. 건물 후미진 모퉁이로 가서 엉엉 울었다. 엄마에게 나를 제발 데려가달라고 편지를 썼지만 차마 부치지 못했다. 내가 가야 할 길이라면 참아내야 했다. 그곳엔 버림받은 아이들이 많았다. 멀쩡하게 부모가 있어도 어느 날 찾아오지 않으면 버림 받은 것이었다.

'엄마는 나를 꼭 데리러 올 거야.'

나는 스스로를 위로했다.

재활원 학교에 들어가자마자 학력 테스트를 받았다. 책을 읽고 더하기, 빼기, 곱하기 시험을 봤다. 3학년에 배정을 받았다. 아무 준비도 없이 치른 첫 시험에서 나는 1등을 했다. 은영이란 여자아이가 있었는데 나를 싫어했다. 언젠가는 입에 물고 있던 물을 내게 뿜어대기까지 했다. 처음 당하는 일이었다.

"난 네가 정말 밉다고."

은영이는 내가 들어오기 전까지 1등을 하던 서울 깍쟁이였다.

첫 싸움에서는 무참하게 깨진 나였지만 그 뒤에는 제법 주먹을 잘 휘둘렀다. 마음이 약해 계집애라고 놀림을 당하던 나였지만 맘 먹고 붙어보니 주먹이 그리 약하지 않았다. 싸움도 유익할 때가 있나보다. 그 후 불의를 보거나 부당한 일을 당할 때 물러서지 않고 한판 붙어보는 담력이 생겼다.

나는 산수를 잘해서 방과 후엔 친구들에게 분수 계산을 가르치고 공부를 도와주었다. 아이들은 나를 크게 괴롭히지 않았다. 계산이 빨라서 구내 매점에서 일을 도왔다. 매점이라고 해봐야 캐비닛 안에 껌이나 라면땅, 과자, 빵 정도 있는 게 전부였다. 재활원에서 원생들의 부모님께 보내는 편지봉투에 주소 쓰는 일도 맡아서 했다. 나와 함께 지내던 친구 가운데 전화라는 아이가 있었는데 소아마비가 손으로 와서 양손이 덜렁덜렁했다. 그 아이는 어깨와 턱에 연필을 끼우고 글을 썼다.

"내가 어른이 되면 우리 엄마 아빠를 꼭 찾아갈 거야."

전화는 착했다. 그 아이는 자기를 버린 부모님을 결코 원망하지 않았다. 나중에 전화가 엄마, 아빠를 찾아갔을 때 부디 그 부모님도 전화와 같은 마음이었기를 나는 진심으로 빌었다.

그곳의 집단생활은 군대와 비슷했다. 식사 후 청소 조, 취침 전 청소 조 등 각자 맡은 일이 있어 형들의 감시와 주먹 속에서 일사 불란하게 움직였다. 잠은 한 방에 여섯 명 정도가 콩나물시루처럼 누워서 잤다. 맨 아랫목부터 큰 형들이 나이순대로 차지했다. 형들은 원감의 눈을 피해 몰래 밖에 나가 술을 마시고 돌아오기도 했다. 허락 받지 않고 외출하다가 적발되면 죽도록 맞았다. 왜 그렇게 체벌을 가했는지 이해하기 어려웠다. 이해와 배려보다는 체벌과 구속이 일상이었다. 간혹 나이 많은 형과 누나들은 연애하고 결혼해서 재활원을 나가기도 했다.

기숙사에는 이가 많아 겨울에는 이 잡는 게 일이었다. 둘째 누나는 한 달에 몇 번씩 나를 자취방으로 데리고 가서 목욕 시키고 빨래 해주고 내가 좋아하는 콩나물지짐이를 해주었다. 남들은 놀러가고 자기발전을 위하여 시간을 쓸 때 누나는 동생들을 위하여 없는 시간을 쪼개고 자신을 희생했다. 내 빨래와 뒤치다꺼리를 하느라 일주일에 한 번 쉬는 일요일마저 포기하고 나를 돌봐주었다.

하얀 영구차

그 당시 재활원 출신으로 휠체어를 타고 연주하는 베데스다라는 연주팀 형들이 있었다. 첼로와 바이올린, 비올라로 이루어진 앙상블이었는데 꽤 유명했다. 형들은 가끔씩 와서 원생들에게 무료로 악기를 가르쳐주었다. 나도 바이올린을 켜고 싶었지만 악기를 장만할 돈이 없었다. 바이올린을 배우던 형 가운데 하나가 다리가 썩어들어 가는 병에 걸렸다. 그 형은 얼마 뒤에 죽었다.

재활원의 생활은 한마디로 슬픈 경험이었다. 그곳은 생사고락의 작은 축소판이었다. 열 살에서 서른 살에 이르는 각양각색의 장애를 가진 이들은 세상의 그늘에서 소리 없이 신음하는 힘없는 영혼들이었다. 그 중엔 부모마저 감당할 수 없어 그곳에 버리고 간 아이들도 있었다.

때때로 교회나 구호단체에서 빵과 우유를 사들고 와서 우리에게 나누어주었다. 특히 크리스마스를 전후해서는 교회에서 와 노래나 연극 등을 보여주고 갔다. 한 시간짜리 공연을 보고 나면 우리는 더욱 더 버림받은 느낌을 감출 수 없었다. 어디에서 위문품이 왔으니 먹을 것을 타가라고 하면 아이들은 10원짜리 라면땅 한 봉지를 얻기 위해 북새통을 이루었다. 일회성 방문은 우리를 더 비참하게 했다.

누군가를 돕고 위로한다는 것은 지속적인 관계가 형성될 때만 가능하다. 아무리 거룩한 종교성으로 다가온다고 해도 그것이 관계로 발전하지 못하면 값싼 동정과 소외의 심화로 이어진다. 이웃을 돕는다는 것은 단순한 감정이 아니다. 자신의 인생을 진정으로 공유할 수 있어야만 가능한 일이다.

몸이 성치 못한 데다 버림까지 받아서 그런지 시름시름 앓다가 죽는 친구들이 있었다. 그런 날에는 하얀 영구차가 와서 조용히 시체를 실어갔다. 아무도, 심지어 그들의 부모도 찾아오지 않는 쓸쓸하고 외로운 죽음이었다. 친구들을 떠나보낸 날에 나는 개울둑으로 올라가 하늘을 멍하니 바라보며 누웠다.

각양각색의 장애로 인하여 그곳에 버려진 아이들, 부모에게마저 외면 당하고 그곳에 고아로 버려진 많은 아이들, 그들이 더 이상 무슨 고통을 더 받아야 이 세상은 속죄될 수 있을까? 어린 나이에 가족과 사회로부터 버림받고 시름시름 앓다 죽어가는 친구들을 보며 나는 대상을 알 수 없는 분노에 시달렸다.

후에 읽었던 카뮈의 책에서 그가 토해냈던 분노를 나는 똑같이 느끼고 있었다.

"나는 하늘을 부정하지도 하나님을 부정하지도 않는다. 다만 인간들의 고통에 대답하지 않고 침묵하는 하늘을 원망할 뿐이다."

재활원에는 매주 목사님이 와서 설교를 하셨다. 원생이면 의무적으로 설교를 들어야 했다. 나는 하나님이 우리를 사랑하신다는 말을 납득할 수 없었다. 전 과목을 거의 100점 맞던 내가 유일하게 50점 맞은 과목이 성경이었다.

직립하다

너무 일찍 생의 어두움을 알아버린 나였지만 늘 우울했던 건 아니다. 우리끼리는 농담도 하고 장난도 치고 유행가도 부르고 운동도 했다. 다리를 못 쓰는 친구들과 함께 손으로 하는 축구, 야구, 심지어 발목을 잡고 하는 달리기도 했다. 흙먼지를 뒤집어써도 좋았다. 공을 따라 운동장을 기고 구르며 웃고 함성을 질러댔다. 어떤 사람은 우리의 그런 모습을 보고 비웃기도 하고 안 됐다고 혀를 차기도 하고 불쌍해서 눈물을 흘리기도 했다. 또 어떤 사람은 자기 인생을 다시 생각하기도 했다.

바이올린을 전공한 한 주부가 유성에 온천을 하러 왔다가 우연히 재활원 운동장을 기며 노는 소아마비 아이들을 보고 충격을 받았다고 한다. 얼마 후 그분은 다시 재활원을 찾아오셨다. 이번에는 장애인 아이들에게 바이올린을 무료로 가르쳐주는 자원봉사자로 오신 것이다. 그래서 시작된 것이 유명한 휠체어 연주단 베데스다 현악 사중주단이다.

10년 가까이 앉아서만 지내다보니 내 다리는 근육이 오그라들어 펴지지 않았다. 허리까지 굽어 일주일에 한 번 재활치료를 받아야만 했다. 재활치료는 지금 생각해도 끔찍한 고문의 시간이었다. 치료실에 들어가면 뜨거운 팩을 무릎 위에 놓고 20분쯤 다리 살이 벌겋게 될 때까지 기다렸다. 준비가 되면 치료사 한 분이 어깨를 잡고 다른 치료사가 무지막지한 힘으로 굳은 다리를 펴기 시작했다. 목이 쉬어라 울고불고 소리 지르고 치료사를 물어뜯고 침도 뱉었지만 인정사정이 없었다. 굳은 다리뼈가 펴져야 보조기를 끼우고 목발을 짚을 수 있었다.

그 시간이 2년이 걸렸다. 한번 굳은 뼈나 한번 굳은 마음이 풀어지기까지는 고통과 인내의 시간이 필요한 법이다.

6학년 때 보조기를 끼고 목발을 짚고 일어났다. 드디어 다른 사람을 눈높이에서 마주 볼 수 있었다. 감격은 잠깐이었다. 안 쓰던 허리와 엉덩이에 힘을 주니 너무 아팠다. 무르팍 뒤의 살은 다 까지고 손바닥엔 물집이 잡혔다. 목발을 지탱하는 겨드랑이에는 피멍이 들었다. 이 고통도 만만치 않았다. 어떤 아이는 목발을 포기하고 휠체어를 선택했다. 하지만 나는 인내했다. 다시 주저앉을 수는 없었다. 재활원에서는 목발이 신체의 일부로 느껴질 때까지 매일 2킬로미터쯤 되는 둑길을 걷게 하는 보행연습을 시켰다.

드디어 나는 직립 보행하는 인간이 되었다. 모든 고통을 견뎌낸 보상으로 목발은 내가 혼자서 세상을 향해 걸어 나갈 수 있는 자유를 선사해주었다.

스승을 만나다

호랑이 눈썹 최화복 선생님을 만난 건 내 인생의 가장 큰 축복이었다. 선생님은 장애학생들을 가르치기 위해 일반학교에서 재활원학교로 스스로 옮겨오신 분이었다. 포마드를 발라 깔끔하게 넘긴 머리에 항상 단정한 차림의 선생님은 내가 6학년 때 담임선생님이었다. 나는 4학년 때 6학년으로 월반했다. 선생님의 추천이었다.

"야, 선생님 눈썹 곤두섰어. 조심해."

우리가 예의가 없거나 잘못을 저지르면 선생님은 무섭게 혼내셨다. 장애인이라고 봐주시는 것이 없었다. 엄격했지만 절대로 때리지는 않으셨다. 수업 내용을 못 알아들으면 열 번이라도 처음 하듯 다시 설명해주셨다.

치료사 한 분이 어깨를 잡고 다른 치료사가 무지막지한 힘으로 굳은 다리를 펴기 시작했다. 목이 쉬어라 울고불고 소리 지르고 치료사를 물어뜯고 침도 뱉었지만 인정사정이 없었다. 굳은 다리뼈가 펴져야 보조기를 끼우고 목발을 짚을 수 있었다. 그 시간이 2년이 걸렸다. 한번 굳은 뼈나 한번 굳은 마음이 풀어지기까지는 고통과 인내의 시간이 필요한 법이다.

"자, 긴장을 풀고 입을 크게 벌리고."

선생님은 직접 오르간을 연주하며 우리에게 노래를 지도하셨다. 장애로 말이 어눌한 아이들도 노래를 하면 잘 따라 불렀다. 합주부도 지도하셨다. 나는 하모니카를 불었다. 우리 합주부는 삼육재활원에서 열리는 전국대회에 나가 1등을 했다. 선생님께 배운 서예 솜씨로 나는 붓글씨 대회에 나가 국무총리 상을 탔다.

선생님은 공립학교에 계실 때부터 유명한 교사였다. 그분 밑에서 공부를 하면 좋은 상급학교에 갈 수 있다는 소문이 나서 과외지도를 받기 위해 순번대기표를 뽑고 기다려야 할 정도로 실력 있는 분이었다. 그러나 선생님은 입시지도만 하는 일반학교보다는 전인교육이 가능한 재활학교에서 가르치는 것이 더 자랑스럽고 행복하다고 하셨다.

"사람은 누구나 반드시 한 가지는 잘하는 게 있다. 너희도 마찬가지다. 네가 뭘 잘하는지 그걸 한번 찾아보자."

앞날에 대한 아무 소망이 없는 우리에게 선생님은 포기하지 않고 꿈을 심어주셨다. 선생님은 내게 공부를 잘 할 수 있는 재능이 있다고 하셨다.

"인강아, 너는 일반 중학교로 진학해서 끝까지 공부해야 한다."

선생님은 일반학교에서 보는 중간고사, 학기말고사 문제지를 가져다가 내게 풀게 하셨다. 교학사의 문제집도 주셨다. 국사 교과서의 주요 단어들을 검은 사인펜으로 다 지우게 하고 처음부터 끝까지 통째로 외우게 하셨다.

졸업이 가까워지자 누나는 나에게 재활원에 계속 있으면서 기술을 배우라고 했다. 공부를 해도 취업이 어려울 것이 뻔하기 때문이었다. 하지만 최화복 선생님은 끝까지 누나를 설득하셨다.

"사람의 일은 알 수 없는 거예요. 인강이는 공부 길로 가야 합니다."

선생님은 나를 대전중학교에 보내고 싶어 하셨다. 선생님은 월평동 재활원에서 대흥동 대전중학교까지 자전거를 타고 여러 차례 찾아가 호소하셨지만 학교 측은 냉담했다. 선생님은 우리 자취방이 학교와 가까워 통학에 아무 어려움이 없다는 것을 증명하기 위해 직접 약도까지 그려서 제출했다. 하지만 소용이 없었다.

"학교에 계단이 많아서 이런 학생은 받을 수 없습니다."

선생님은 나중에 교장선생님을 만나 협박까지 하셨다고 한다.

"이 학생 안 받으면 후회하실 겁니다. 애가 나중에 대전중학교 이름을 날릴 테니까 두고 보세요."

그 협박이 통했나보다. 나는 대전중학교에 입학했다.

훌륭한 교사가 한 사람의 인생에 얼마나 큰일을 행했는지 선생님은 알고나 계실까?

십몇 년이 흐른 뒤 카이스트 교수가 되어 선생님을 찾아갔다. 선생님은 백발을 날리며 여전히 재활원에서 아이들을 가르치고 계셨다. 선생님은 나의 인생 여정을 소문으로 듣고 알고 계셨다. 내가 대학교수가 된 것을 당신 일처럼 진심으로 기뻐하셨다. 선생님의 부탁으로 나는 재활원의 어린 친구들 앞에 섰다. 무슨 말을 해야 할지 망설였다. 섣부른 위로도, 값싼 충고도 필요 없다는 것을 나는 너무나 잘 알고 있었다.

"자신에게 주어진 인생이 어떻든 남과 비교하지 마세요. 우리 인생은 그 누구도 대신 살아줄 수 없는 내가 가야만 하는 나의 것이기 때문입니다. 버릴 수도 없고, 가벼이 여겨서도 안 됩니다. 우리 인생은 숭고한 것입니다."

  선생님과 함께 언덕배기에 있는 묵집에 가서 점심을 먹었다.

"난 네가 6학년 과학 시간에 배우지도 않은 일식, 월식, 황도에 관한 문제를 풀어내는 것을 보고 네가 가야 할 길을 알았다. 그게 교사 아니겠니?"

  아무 대가 없이 제자를 사랑하신 선생님께 어떤 말로도 고마움을 다 표현할 수 없었다. 내가 학생들을 가르칠 때 선생님께 배운 대로 그들의 인생과 영혼에 관심을 기울여주는 것으로 보답할 수밖에.

  결혼할 때 선생님은 내 친구 전화와 함께 창원까지 축하해주러

오셨다. 아이를 낳자 나는 선생님께 이름을 지어달라고 부탁드렸다. 선생님은 흔쾌히 두 아이들의 이름을 지어주셨다. 선생님은 재활원 학교에서 행복한 은퇴를 하셨다. 지금은 한국한문교사 대전연수원장으로 한자교육에 열의를 쏟고 계신다.

무슨 꿈을 꿔야 할지, 아니 꿈을 꿀 수나 있는지 확신조차 없었던 소아마비 소년을 일으키고 길을 열어주신 최화복 선생님. 내가 가장 존경하는 최고의 스승이다.

집으로

일반 중학교로 진학하면서 나는 재활원을 나왔다. 다른 친구들은 그곳에서 집단생활을 계속하면서 목각이나 인쇄 기술을 배웠다. 그 친구들이 생산해내는 목각인형이나 장식품, 인쇄품은 사실 시장에서 크게 경쟁력이 있는 물건이 아니었다. 하루 종일 집단작업실에서 일을 해도 생계에 도움이 되지 않았다. 하지만 다른 방도가 없었다.

내가 있었던 재활원을 시작하신 남시균 원장님은 의사였다. 그분의 병원 앞에 사람들은 장애 아이들을 내려놓고 가버렸다. 갈 곳 없는 그 아이들을 위해 그분은 자기 집을 재활원으로 내놓으셨다. 기독교 신앙을 가지신 분이었다. 소아마비 환자들이 매년 1-2천 명씩 생기던 때였다. 내가 발병했던 1968년은 이상하게 환자들이 많았다고 한다. 재활원은 전국적으로 소문이 나서 삽시간에 100명 가까운 아이들이 모여들었다. 집에 장애인이 있으면 쉬쉬하며 방에 가둬놓고 기르던 시절이었다. 우리 아버지조차 내가 창피하다고 밖에 데리고 나가지 못하게 하셨던 적도 있었다.

내 경험으로 비추어볼 때 재활은 사회 속에서 이루어져야 한다. 장애인끼리 따로 모아놓으면 일종의 격리가 된다. 보통 사람들과 같은 환경에서 서로의 다른 점을 용납하며 동거하는 법을 배우는 것이 진정한 재활이다. 사회와 격리된 상태에서 단순한 기술을 익히게 하는 것만으로는 다른 사람들과 더불어 사는 법과 사회의 일부로 동화되는 것을 가르칠 수 없다. 장애는 단순히 본인이나 장애인 가족만이 지고 나가야 할 십자가가 아니다. 우리 사회와 인류가 같이 나누어 져야 하는 짐이다.

장애인도 일반학교에 다녀야 한다. 혹시 장애아동이 놀림을 받고 울면서 돌아온다 하더라도 물러서지 말아야 한다. 장애인을 격리하면 세상은 이런 사람이 살고 있는지조차 모른다. 숨으면 안 된다. 장애인은 사람들 눈에 자주 띄어야 한다.

나는 평생 동안 재활원의 기억을 지우지 못할 것이다. 같이 공부했던 친구들에 대한 추억과 함께. 자기 아버지의 크고 낡은 구두를 신고 다니며 말을 심하게 더듬던 창득이, 꼭 부모님을 찾겠다던 전화, 나를 미워하던 은영이, 6학년 때 같은 반이었고 지금은 대전에서 금은방을 운영하는 만기, 나와 비슷한 장애를 가졌던 윤수 형, 송창식 노래를 잘 불렀던 유태 형. 향기 짙은 등나무 밑에서 목발을 짚고 얘기를 나누던 이름도 기억나지 않은 친구들과 누나, 형들, 백치와 장애를 함께 가지고 있던 친구들, 손가락 하나 까딱할 수 없어 24시간 누워 지내던 아이들.

   나는 그곳에서 삶의 음침한 골짜기가 무엇인지, 세상의 음지가 어떤 곳인지 알게 되었다. 스스로를 위로할 수 없는 사람들의 심정도 이해하게 되었다. 사회복지의 허와 실에 대해서도 알게 되었다. 무엇보다 3년간의 재활원 생활은 내가 누구인지 철저하게 깨닫게 해주었다. 이 세상에서 희망도, 약속도, 위로도 찾을 수 없을 때 우리가 어떤 상태에 놓이게 되는지 가르쳐준 인생의 광야였다. 비록 나의 어린 가슴에 파고드는 수많은 질문에 대답하지 않고 아무 죄 없이 고통당하는 우리들에게 침묵하시는 하나님을 받아들이지 못했지만, 지금 회고하건대 하나님은 나를 훈련하고 계셨다. 이 삶의 광야는 후에 나의 시선을 희망이 고갈된 땅이 아닌 하늘로 돌리게 하는 회심과 약속의 땅이 되었다.

   재활원 초등학교 졸업식에 관한 기억은 단 한 개도 떠오르지 않는다. 희미하게나마 답사 원고를 쓴 것 같은데 읽은 기억이 없다. 누가 와주었는지, 무슨 상을 탔는지, 자장면을 먹었는지조차도 기억나지 않는다. 그만큼 기뻤다. 집으로 돌아가는 것이.

3. 당신은 왜 사나요?

촛불도 없이 어떤 기적도 생각할 수 없이
나는 어두운 제단 앞으로 나아갔다
그때 난 춥고 가난하였다 연신 파랗게 언 손을 비비느라
경건하게 손을 모으고 있을 수도 없었다
그런데 얼마나 손을 비비고 있었을까
그때 정말 기적처럼 감싸쥔 손 안에 촛불이 켜졌다…
_〈촛불〉, 송찬호

똘마니 친구들

대전중학교 입학식에선 키 크고 잘 생긴 학생이 신입생을 대표해서 선서를 했다. 반 배치고사에서 1등을 먹은 친구였다. 처음 시험에서는 사립초등학교 출신 학생들이 두각을 나타냈다. 그들의 가방 안에는 생전 듣도 보도 못한 온갖 참고서와 문제지들이 가득 들어 있었다. 과목 당 대여섯 권씩은 되는 것 같았다. 그 애들은 똑같은 문제를 풀고 또 풀고 온갖 이상한 문제까지 다 풀었다.

내가 보기에 그런 공부는 시간낭비 같았다. 교과서를 보면 무엇이 중요한지, 어떤 시험문제가 나올지 예측할 수 있었다. 많이 안다고 조합을 이루는 것은 아니다. 논리적으로 정리해서 기억해야 공부를 잘 할 수 있다. 아무도 푸는 방법을 가르쳐주지 않았기 때문에 그게 오히려 내게는 약이 되었다. 모르는 문제는 스스로 알아내야 했고 그렇게 한 것은 잊어버리지 않았다. 공부하는 시간은 많지 않았지만 나의 성적은 갈수록 좋아졌다.

    방과 후 나는 친구들과 함께 주로 우리 집 자취방에 몰려가 놀았다. 누나는 직장에, 형들은 고등학교에 다녔다. 집세가 싼 곳을 찾다보니 언덕배기에 있는 집을 얻었다. 목발을 짚어야 하는 나는 비가 오면 우산을 쓸 수 없어 그대로 비를 맞았다. 눈이 오면 아슬아슬 비탈길을 오르내리다가 주르륵 넘어지곤 했다. 30분씩 걸어 다녀야 하는 통학 길이었다. 도저히 책가방을 들고 갈 수 없었다.
    고맙게도 우리 반 친구들 몇 명이 아침저녁으로 내 가방을 들어다주었다. 그 친구들은 공부를 잘하지도 못하고 집안도 넉넉지 못한 애들이었다. 똘마니, 요즘 말로 하자면 이른바 '찌질이'들이었다. 새벽마다 신문을 돌리고 매 시간 떠들거나 숙제를 안 해와 선생님께 꿀밤이나 맞던 말썽쟁이들이었지만 마음은 순수하고 따뜻했다. 우리는 비좁은 자취방에 모여 라면을 끓여 먹고 기타를 치면서 함께 목청껏 노래를 불렀다.
    때 묻지 않은 장난질에 킥킥대고 노는 그 애들이 나는 좋았다. 실컷 놀다가 지치면 숙제를 했다. 나는 친구들에게 공부를 가르쳐 주었다. 가끔 시험 시간에 "인강아, 3번 답이 뭐여?" 하고 툭툭 쳐서 날 곤란하게 만들던 친구들이었다. 가장 많이 내 가방을 들어 줬던 덕희는 까불고 떠들고 공부라면 70리, 80리씩 달아나던 애였는데 싸움을 잘했다. 그 친구 덕분에 나는 심심치 않게 싸움판을 구경했다. 한 반에 60명씩 열두 반이니까 한 학년이 720명, 3학년까지 합치면 전교생 2천 명에 가까운 남자 중학교는 어디서 터질지 모르는 지뢰밭이었다.

방과 후 야구장 내야 쪽 으슥한 곳에선 하루가 멀다 하고 '오늘의 결투'가 벌어졌다. 그래도 거기엔 나름대로 공정한 룰이 있었다. 돌로 때리거나 모래를 끼얹거나 아랫도리를 차는 반칙을 하지 않는다, 같은 것들이었다. 싸움 붙는 애들을 가운데 두고 아이들이 죽 둘러서서 지켜봤다. 친구들은 나를 심판으로 세우기도 했다. 그들 눈에 내가 공정해 보였나보다. 대부분의 싸움은 코피가 터지면 끝났다.

덕희는 나중에 드럼을 전공해 충남대 음대를 졸업했다. 지금은 학원에서 음악을 가르치고 악기상을 한다. 최화복 선생님 말씀대로 사람은 누구나 잘하는 게 한 가지씩은 있다.

내 친구들은 중학교를 졸업하고 대부분 실업계로 진학했다. 신문배달을 하던 친구는 내가 다른 고등학교로 진학해 헤어졌는데도 3년 동안 공짜로 신문을 넣어주었다. 흰 눈 위에 곱게 접혀 떨어져 있는 신문을 주우며 뜨거운 눈물을 여러 번 삼켰다. 지금도 가끔 전화가 오는 똘마니 친구들. 그들 때문에 얼마나 웃고 얼마나 행복했는지 모른다.

왜 사나요?

사춘기에 들어선 친구들은 끼리끼리 어울려 다니며 섣부른 어른 흉내를 냈다. 이성 친구를 만나기도 하고 패거리를 지어 거리를 돌아다니며 술과 담배를 하기도 했다. 질풍노도의 시기를 그들은 몸으로 겪었다면 몸이 자유롭지 못한 나는 정신적으로 겪었다. 십대의 답답함과 혼돈, 정제되지 않은 감정을 통기타로, 사색으로, 책으로, 글쓰기로 풀어보려고 했지만 해결하지 못했다.

  3학년으로 올라가면서 방황이 더욱 깊어졌다. 수업이 끝나면 학교에서 집까지의 가로수 길을 일부러 멀리 돌아서 갔다. 열몇 살 소년이 감당하기에 너무 큰 인생의 문제를 고민하느라 종종 가로등이 켜져야 집에 들어갔다. 아무도 없는 집에 혼자 들어가기 싫었는지도 모른다.

  이 무렵 카프카의 작품들에 묘한 매력을 느끼기 시작했다. 완벽하게 이해하기는 힘들었지만 현대 사회에서 기계의 부품처럼 전락해버린 인간상과 구조의 굴레에 잡혀 벌레나 다름없게 된 비참한 인간의 모습이 슬펐다. 조세희의 「난장이가 쏘아 올린 작은 공」, 아서 밀러의 희곡 「어느 세일즈맨의 죽음」에서 보여준 비극은 내가 앞으로 살아가야 할 우리 사회의 모순과 어두운 면이었다.

카뮈의 작품에도 몰입했다. 어디론가 떠나야 하는 우리, 그런 우리를 둘러싼 어둠에서 탈출해야 하지만 어디서 왔는지, 어디로 가야 하는지 모르는 인간의 실존을 그는 생생하게 그려내고 있었다. 그의 책은 구원을 제시하지 못했다. 하지만 니체가 말하는 초인도 되지 못하고 진퇴양난의 길에 선 인간의 상실은 내 마음을 대변해주는 듯했다. 나는 집 옆 작은 동산에 앉아 비를 맞으며 몇 시간씩 혼자 있거나 작고 침침한 방에서 불도 켜지 않은 채 오랫동안 생각에 빠져 있곤 했다.

얼굴은 점점 더 어두워졌다. 담임선생님께서 걱정이 되었는지 지나칠 때마다 농담처럼 말을 걸고는 하셨다.

"내 정신연령이나 네 정신연령이나 다르지 않은 것 같구나. 인강아, 그래도 밝게 살아야 되지 않겠니?"

어느 날 도저히 안 되겠는지 담임선생님께서 카운슬러를 불러 오셨다. 그분은 나를 조용한 방으로 데리고 가서 여러 가지 좋은 말씀을 길게 하셨다. 내가 겪는 감정이 아마도 단순한 사춘기의 방황이나 장애에서 오는 좌절감이라고 생각하셨던 것 같다. 지루한 훈계가 계속 되었다. 교실 바닥에 무기력한 오후의 햇빛과 침묵이 드리워지고 있었다. 나는 그분에게 조용히 물었다.

"우리가 왜 사는지 아세요?"

"…"

그분은 할 말을 찾지 못했다.

"우리가 왜 사는지 모른다면 그럼 제 앞에 계신 분은 왜 사세요?"

중학생의 당돌한 질문에 카운슬러는 당황해했다.

"그건… 나도 몰라."

우리의 대화는 거기에서 중단되었다. 그분은 담임선생님께 자신의 능력으로 도울 수 있는 학생이 아니라고 말하고는 돌아가버렸다. 그분에게는 지금도 미안한 마음이 든다. 하지만 그 당시 내가 고민하던 문제를 솔직하게 말한 것뿐이었다.

다행히 하나님은 나를 놓지 않으셨다. 집에서 언덕 위로 보이는 곳에 작은 교회가 하나 있었다. 어떤 계기로 그 교회에 갔는지는 생각나지 않는다. 신앙과 하나님에 대해 진지하게 고민하던 나는 전도사님께 매일 질문을 했다. 사람이 왜 사는지, 무엇을 위해 살아야 하는지, 하나님이 계시다는 것을 어떻게 증명할 수 있는지 물었다. 나이에 맞지 않게 철학적 문제를 들고 나오는 나를 전도사님은 버거워하셨다. 대부분의 중등부 친구들은 교회에서 이성

나이에 맞지 않게 철학적 문제를 들고 나오는 나를 전도사님은 버거워하셨다.
대부분의 중등부 친구들은 교회에서 이성 친구와 사귀거나 놀기 위해
모였던 것 같다. 그렇게 가벼운 분위기를 나는 오래 견디지 못했다.
비록 교회 나가는 것을 그만두었지만 내가 니체의 초인보다는
신에 의지하는 구도의 길을 택하려고 했던 것만은 틀림없다.
스스로 하나님을 찾았던 첫 번째 시도였다.

친구와 사귀거나 놀기 위해 모였던 것 같다. 그렇게 가벼운 분위기를 나는 오래 견디지 못했다. 비록 교회 나가는 것을 그만두었지만 내가 니체의 초인보다는 신에 의지하는 구도의 길을 택하려고 했던 것만은 틀림없다. 스스로 하나님을 찾았던 첫 번째 시도였다.

연합고사 만점을 맞다

학교 측에서는 나를 배려해 3년 동안 1층에 있는 반으로 배정해주었다. 그래도 학교에 승강기가 없어 참으로 불편했다. 체육시간이 되면 혼자 남아 글을 쓰거나 학교 정원을 돌아다니다가 운동장에서 축구하는 친구들과 야구하는 고등학교 형들을 물끄러미 바라보았다. 아카시아가 피는 계절이면 벤치에 앉아 시를 쓰거나 짧은 수필을 썼다. 사색과 공부, 책 읽기, 글쓰기, 기타 치기로 시간들을 채웠다. 선생님들은 내가 공부와 미술, 음악에 재질이 있어서인지 친절하게 대해주셨다.

 중학교 1학년 때 만난 자그마한 할머니 영어 선생님은 지금도 기억난다. 선생님은 매 수업마다 쪽지시험을 보셨다. 한 학기 내내 쪽지시험에서 한 문제도 틀리지 않자 선생님은 나를 칭찬해주셨다. 밤송이 까까머리 시절에 받은 칭찬이 머리가 희끗해지는 지금까지 가슴에 남아 있는 걸 보니 청소년기에 칭찬만큼 더 좋은 격려는 없는 것 같다.

공부는 꾸준히 잘해서 전교 5등 안에 들었다. 시험범위가 없는 모의고사를 보면 1등을 했다. 중학교에 들어와 처음에 날리던 친구들이 서서히 밀려났다. 지금도 마찬가지지만 당시에도 사교육은 있었다. 가정교사를 두기도 하고 그룹 과외도 시켰다. 대치동식 열혈부모가 요즘에만 있는 게 아니었다. 그런데 그렇게 공부한 아이들은 뒷심이 달렸다. 부모의 의지에 밀려 공부하는 친구들은 자기가 가는 길에 확신이 없어서 중간에 방황하거나 폭발적인 에너지를 발산하지 못했다. 멀리 내다본다면 그건 참 불행한 일이다. 공부를 하려면 스스로 세운 목표가 있어야 한다. 나는 내가 사는 동안 부모님과 사회에 짐이 되지 않기 위해 공부했다.

1981년 고등학교 입학 연합고사를 치르기 하루 전날 담임선생님은 내 어깨를 만져주며 격려하셨다.

"대전중학교의 명예가 네 손에 달렸다."

시험 당일, 나는 담담하게 문제를 풀었다. 다른 과목들은 수월하게 넘어갔는데 예능 쪽 몇 문제가 심하게 헷갈렸다. 이럴 땐 우선 상황분석을 하고 논리적으로 추론을 해야 한다. 문제가 안 풀려도 단순히 답을 외우지 않고 원리를 이해해나갔던 평소의 공부 방법이 도움이 되었다. 시험을 마친 후 담임선생님께서 내가 쓴 답을 한번 다시 써보라고 하셨다. 선생님이 채점을 하셨다. 담임선생님의 목소리가 떨렸다.

"인강아, 너 만점이다."

반 친구들이 박수를 치고 만세삼창을 했다.

정식으로 점수가 발표되자 대전방송과 신문사에서 기자들이 왔다. 난생 처음으로 교무실에서 인터뷰를 했다. 기자들이 어떻게 공부를 했냐고 물었다. 보통 만점자들이 하던 답변들처럼 "교과서 위주로 학교 수업을 충실히 따랐고 잠은 충분히 잤습니다"라고 대답했다. 다른 사람들은 어떤지 몰라도 내 경우에는 진실이었다. 참고서를 살 수 없었고 과외는 꿈도 못 꿨고 체력이 좋은 편이 아니라 잠은 항상 많이 잤다.

다음 날 등교하는데 앞집에 사는 아주머니가 나를 보고 반가워하셨다.

"학생, 어제 뉴스에 나왔는데 봤나? 연합고사 만점 맞았다며?"

나는 웃기만 했다. 우리 집에는 텔레비전이 없었다.

중학교를 졸업하기 전에 학교에서 독사진을 찍었다. 교장선생님은 학교를 빛낸 선배들의 사진을 전시하는 데 걸어놓을 거라고 말씀하셨다.

폭풍전야 시절

고등학교는 충남고등학교로 배정받았다. 우리는 학교에서 가까운 유천동으로 집을 옮겼다. 엄마의 허리 디스크가 심해져 더 이상 농사를 지을 수 없게 되자 부모님은 과수원을 헐값에 팔고 우리와 함께 살게 되었다. 오랜만에 식구가 함께 모였지만 상황이 썩 좋지는 않았다. 경제적인 수입은 전혀 없는데 대학생 셋에 고등학생인 나까지 학생만 넷이었다. 우리는 각자의 학비를 벌어야 했다. 나는 시에서 주는 장학금을 받았다. 수석 입학이라 학비는 면제되었다.

내 책가방은 아버지가 들어다주셨다. 새벽 일 나갈 때 미리 교실에 가져다놓고 저녁 때 가져오셨다. 특별한 기술이 없는 아버지는 마땅히 할 일이 없으셨다. 건축 현장에도 나가고 동사무소에서 하는 거리청소, 풀베기 등 허드렛일을 찾아 하루하루를 전전하셨다. 아버지는 여전히 술에서 헤어나지 못하셨다.

'오늘은 무사히 지나가려나.'

식구들은 아버지가 돌아오시는 시간이 되면 전전긍긍했다. 나는 불안한 가정이 인간의 정서를 얼마나 황폐하게 만드는지 경험했다. 아버지와의 불화로 식구들은 가난보다도 더 힘든 정신적 고통에 시달려야만 했다. 아버지는 함께 살고 있는 사촌누나네 식구들과도 충돌이 잦았다. 큰형은 아예 아버지를 피해 집을 나가 입주과외를 하며 학비와 생활비를 벌었다.

철이 든 나는 아버지를 이해하려고 애를 썼다. 재활원에서 보낸 광야생활 3년 동안 그런 아버지라도 있는 집을 얼마나 그리워했던가.

술에는 장사가 없었다. 아버지는 위에 구멍이 나서 피를 토하고 쓰러지셨다. 하지만 엄마는 그런 남편을 정성껏 보살피고 치료해 주셨다. 아버지는 금방 완쾌되셨다. 병이 나은 기념으로 아버지는 담배를 끊었다. 나는 그렇게 때리고 괴롭히고 미운 짓을 하는 남편을 아끼고 보듬어주는 어머니를 보고 부부의 사랑이란 제3자 아니 자식도 이해할 수 없는, 보통 사람의 감정을 초월하는 사랑인 것을 알았다.

동생들을 보살피느라 혼기가 늦어진 둘째 누나가 좋은 매형을 만나 결혼하여 분가했다. 누나는 결혼 후에도 내 뒷바라지를 위해 서울로 오신 어머니를 대신해 아버지와 남은 동생들을 거두어주었다. 묵묵히 가족들을 위해 희생하는 누나에게 항상 미안한 마음을 금할 길이 없었다. 어려운 가정환경을 탓하지도 않고 자기에게 맡겨진 가족들의 짐을 마다하지 않고 대신 져주었던 누나. 그 희생에 머리 숙인다.

나는 공부방이 없었다. 부모님이 텔레비전을 크게 틀어놓고 보거나 다른 일을 하시는 안방 한 구석 밥상 앞이 내 자리였다. 1등으로 입학해 선생님들의 시선을 항상 의식해야 했지만 별로 개의치 않았다. 나는 무슨 이유에서인지 몰라도 스콧 피츠제럴드의 「위대한 개츠비」, 헤밍웨이의 「노인과 바다」 같은 영어소설들을 읽었다. 지지직대는 고물 TV를 손으로 쳐가며 AFKN을 들었다. 주말에 하는 명화극장은 내가 살아보지 못한 인생, 내가 가보지 못한 나라들에 대한 호기심을 채워주었다. 다른 학생들은 밤늦게까지 학교에 남아 자율학습을 할 때 나는 일찍 귀가해서 혼자 공부하고 혼자 놀았다.

내 성격검사 결과가 흥미롭다. 나는 누가 가르치면 공부를 안했을 유형이라고 한다. 혼자 놔둬야지 간섭을 하면 비뚤어지기 쉬운 성격이란다. 하나님은 완벽하시다.

고등학교에 가서도 전교 1, 2등을 놓치지 않았다. 조용하게 공부하고 사색하는 학생이었지만 내 안에는 도전적이고 참지 못하는 면도 있었다. 중간고사인지 학기말시험인지 확실히 기억나지는 않지만 화학 과목 시험을 봤을 때였다. 시험지를 받아보니 오답 처리된 문제가 아무래도 이상했다. 다시 풀어보니 내가 맞는 것 같았다. 분자식에 관한 문제였다. 화학 선생님을 찾아갔다. 처음에 선생님은 네가 뭘 알겠느냐 하듯 무시하셨다. 그냥 물러설 내가 아니었다. 다시 따지고 들었다. 마침내 선생님도 "네가 맞다"고 수긍을 하셨다. 그러나 이미 채점이 다 끝난 상태였기 때문에 선생님은 내 점수만 고쳐주고 끝내려고 하셨다.

"그건 공평하지 않습니다. 정답은 정답이고 오답은 오답입니다. 우리 학년 채점 다시 해주세요."

선생님은 어이없다는 듯 화를 냈지만 결국 다시 채점해서 모든 학생들의 점수를 바로잡아주셨다. 지금도 그때를 생각하면 얼굴이 뜨듯해온다. 정의의 사도처럼 행한 나보다 학생 앞에서 자기 잘못을 인정하고 학생의 요구대로 채점을 다시 하신 선생님이 훨씬 인격적인 분이라는 것을 알고 있기 때문이다.

나의 고등학교 시절은 폭풍전야와 같은 시기였다. 겉으로는 고요했지만 대입이라는 목표를 앞두고 가슴속에 쌓인 수많은 질문과 답답함을 잠정적으로 억누르고 있었다. 좀처럼 나아지지 않는 가정환경 속에서 내가 할 수 있는 최선의 길은 내 손으로 장학금을 타서 대학에 가는 것이었다. 그리고 빨리 돈을 벌어서 부모님을 돌봐드리고 싶었다. 그런 좋은 날이 오게 하기 위해선 우선 철학적인 고민은 덮어야 했다. 나는 공부에 매달렸다.

4. 불완전한 자에게 두신 완벽한 계획

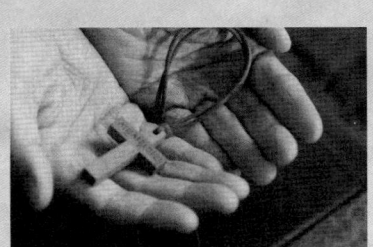

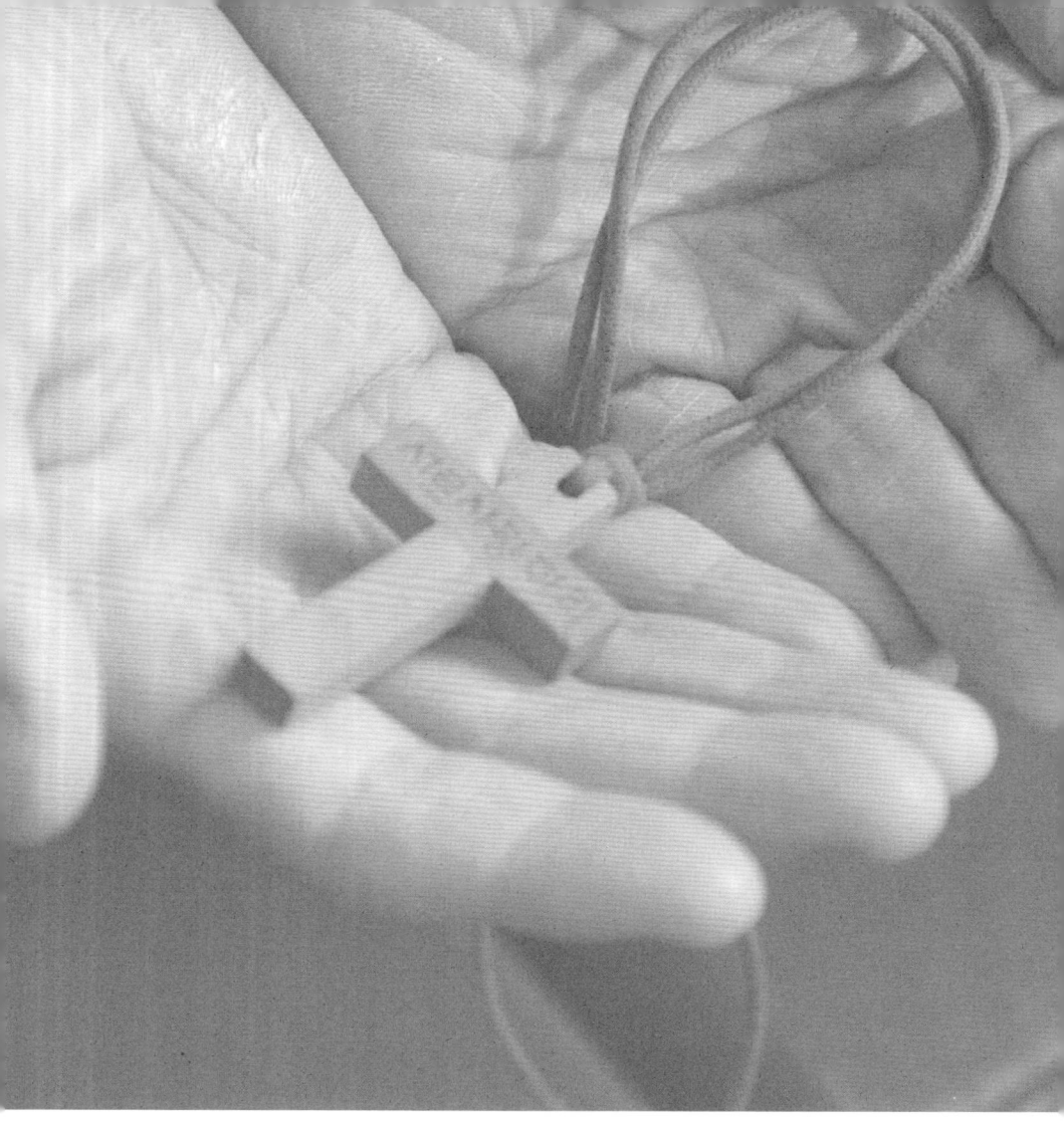

하나님은 그 기적을 이루시기 위해 신비로운 길로 움직이신다.
그는 바다에 그 발을 놓으시고 폭풍 위에 올라타신다.
결코 그르침 없는 솜씨로 이룩한 무한한 보고 속 깊이
찬란한 계획을 쌓아두시며 높은 뜻을 이루신다.
_〈섭리〉, W. 쿠퍼

수학을 선택하다

대학으로 가는 첫 관문, 대입예비고사는 그리 잘 보지 못했다. 내가 시험을 치른 교실이 3층에 있었고 화장실은 1층 바깥에 있었다. 목발을 짚고 계단을 내려가선 도저히 주어진 시간 안에 화장실을 다녀올 수 없어 소변을 참고 시험을 봐야 했다. 요즈음은 양호실에서 따로 시험을 볼 수 있게 해준다는데 그때는 최소한의 배려조차 없었다. 그래도 서울대를 지원할 성적은 나왔다.

담임선생님은 나의 장애를 고려해서 전공을 권하셨다. 첫째, 육체적으로 힘써야 하는 직업은 피하라. 의대나 공대가 선택에서 빠졌다. 둘째, 문과 특히 법대는 안 된다. 고시에 패스해도 임용이 어렵기 때문이다. 지금 생각해도 참 이상하다. 법조인은 머리와 가슴, 손이 성하면 되는 것이 아닐까. 셋째, 실험이 있는 학과를 빼자 생물이나 화학과가 제외되었다.

"인강아, 너는 수학을 잘하고 또 좋아하니까 서울대 수학과가 어떻겠니?"

아버지는 돈이 많이 든다고 내가 서울로 가는 것을 적극 반대하셨다. 하지만 형과 누나들이 "너만은 더 높은 곳으로 올라가라"며 격려해주었다. 형이 서울대 원서를 사서 제출했다. 면접을 보러 갔다. 교수님들이 내 상태를 보고 걱정하셨다.

"어떻게 다닐 수 있겠나? 계단이 많은데."

"모르겠습니다. 하지만 해보겠습니다."

교수님들의 반응은 나쁘지 않았다. 신체검사에서는 예상치도 못한 적록색약이 나왔다. 나는 서울대 수학과에 무사히 합격했다. 돈 200만 원을 어찌어찌 구해서 엄마와 함께 서울로 올라왔다. 신림동 고시촌 지하 단칸방을 얻었다. 고등학교 동창의 집이었다. 원래 차고로 쓰려고 만든 방은 낮에도 해가 들지 않아 어두컴컴했다. 다행히 입학금이 면제되고 수학과에서 한 명에게 주는 전액장학금과 약간의 생활비가 지급되었다. 나를 위해 서울로 올라오신 엄마와 함께 살림을 해야 했기에 부족한 돈은 과외를 해서 충당했다.

대학생활이 시작되었다. 수업을 따라가기는 어렵지 않았다. 힘이 들었던 것은 이동이었다. 보통 학생들의 5분 거리가 내겐 15분이 걸렸다. 계단이 있으면 그것에 두 배가 걸렸다. 1교시를 인문대 3층에서 듣고 2교시가 자연대 건물 4층에서 있다면 가는 도중에 수업이 끝났다.

그러던 어느 날 크게 각성하게 된 일이 일어났다. 학기 초였다. 수업이 끝나고 다음 수업 장소로 이동해야 하는데 가방을 들어다 줄 친구가 없었다. 그래서 옆에 있던 학생에게 부탁했다.
"가방 좀 들어주실래요?"
보통 학생들은 내 상태를 보고 친절하게 들어다주었다. 그런데 그 친구는 달랐다.
"이런 건 스스로 해결하시지요."
순간 얼굴이 확 달아올랐다. 하지만 얼음물을 뒤집어쓴 것처럼 정신이 번뜩 들었다. 그동안 장애를 핑계 삼아 나도 모르게 사람들의 희생을 당연시 한 것은 아닐까 하는 깨달음이었다. 남의 희생을 당연히 여긴다면 그건 이미 권력화가 된 것이다.

매일 가방을 들어다주고 자리를 양보해주고 길을 비켜주었던 그 친절들이 작은 일이었던가. 날 위해 희생하는 어머니와 누나들, 형들의 수고는? 동정은 싫다고 했으면서도 알게 모르게 동정에 기대고 동정을 당연히 요구했던 나는 누구인가? 얼굴을 들 수 없을 정도로 부끄러웠다.

등에 짊어지는 큰 가방을 사서 맸다. 고통은 가중되었다. 하지만 생각지도 못했던 곳을 향해 10미터쯤 점프해서 올라선 느낌이 들었다. 그 후로 내가 할 수 있는 일은 스스로 해냈다. 전에는 지레 포기했던 일들도 막상 해보니 의외로 할 수 있는 일이 많았다. 따뜻한 사랑이 사람을 일으켜준다면 차가운 질책은 사람을 나아가게 만든다.

어떤 미소

일단 대학에 입학하자 고등학교 시절 마음에 접어두었던 철학적 명제들이 나를 괴롭히기 시작했다. 하지만 공부만 하면 되었던 고등학교 때와는 달리 생활전선에서 뛰어야 하는 대학생활은 초기부터 삶에 대한 희망을 많이 접은 상태였다.

'내가 이를 악물고 대학까지 온 이유가 뭘까? 우리가 사는 게 길어야 100년. 그나마 살 이유가 없다면 뭣하러 이렇게 버둥대며 살아야 하는 걸까.'

다른 친구들은 술 마시고 MT 가고 미팅하느라 바빴지만 나는 그것들로부터 스스로를 소외시켰다. 로마의 철학자 세네카의 말이 떠올랐다.

"인생이 아무리 고통스럽다 할지라도 그것이 짧다는 것은 우리에게 희망이다."

염세적인 그의 말을 위로 삼아 나는 하루하루를 버텼다. 하지만 하나님은 나를 위한 다른 확실한 계획을 세우고 계셨다.

나뭇잎의 색깔이 바뀌기 시작하는 그해 가을 어느 날이었다. 수업을 마치고 쓸쓸히 집으로 돌아가고 있었다. 비가 내리고 있었다. 우산을 쓸 수 없는 나는 오는 비를 고스란히 맞으며 걷고 있었다. 누군가 나에게 우산을 씌워주었다. 우산은 너무 작아 곧 둘 다 젖기 시작했다. 나는 그 누나에게 말했다.

"저는 이미 젖었으니 혼자 쓰고 가세요."

나 자신에게 희망이 없음을, 그런 나 자신을 포기했음을 이 말을 통해 하고 싶었는지도 모른다. 하지만 그 누나는 끝까지 같이 가겠다고 우겼다. 학교 정문을 나설 때쯤 그 누나는 하나님에 대해 생각해본 적이 있느냐고 물었다. 나는 공격하듯 대답했다.

"아마 지금 옆에 계신 분보다 수백 번 아니 수천 번은 더 생각했을 겁니다."

그 말은 거짓이 아니었다. 그동안 나의 존재 의미에 대해, 존재 목적에 대해 얼마나 많이 신에게 물었던가.

그 누나는 나를 신림동의 지하방까지 데려다주고 ESF(Evangelical

Students Fellowship : 기독대학인회)라는 선교단체를 소개해주었다. 그리고 그룹 성경공부가 캠퍼스에서 있으니 참석해보라고 권했다.

그 후 수업 시간 전에 잔디 위에 앉아 책을 보고 있는데 또 다른 선교단체의 누나가 하나님에 대해 알아보자며 일대일 만남을 갖자고 했다. 나는 본격적으로 성경을 공부해보기로 결심했다. 창세기 일대일 성경공부를 시작하고 ESF 사람들과 인문대 빈 강의실에서 요한복음을 공부했다.

모임에 나온 형들은 내가 늙어 보인다며 재수생이냐고 물었다. 아마도 그때 내 얼굴은 잿빛 화산재로 덮인 것같이 어둡고 딱딱했을 것이다. 가시밭길 인생을 걸어오는 동안 겉늙고 말았던 것이다. 나는 요한복음을 읽으며 빛으로 오신 예수님, 말씀이 육신이 되어 오신 예수님, 세상의 로고스 되신 예수님을 알아가기 시작했다.

그해 초겨울 나는 도서관에서 신앙에 관한 책을 읽고 있었다. 나이가 마흔이 넘어서도 독신으로 살며 가난한 광부들을 돌보는 간호사의 이야기였다. 어느 비바람이 사납게 치는 밤, 갱이 무너지고 광부들이 그 안에 갇혔다는 소식을 들은 여인은 급히 자전거를 타고 가다가 전봇대에 부딪쳐 땅에 나뒹굴었다. 안타깝게도 그 여인은 척추를 다쳐 하반신을 쓸 수 없게 되었다.

몇 년 후 휠체어를 타고 그곳에 다시 나타난 그녀는 변함없는 모습으로 광부들을 치료해주었다. 누군가 그녀에게 물었다.

"도대체 어디서 이런 힘이 나오는 겁니까?"

그녀는 담담하게 대답했다.

"하나님이 나를 지켜보면서 미소 지어주시면 나는 평생이라도 이렇게 살 수 있어요."

아, 나는 깨달았다. 이 세상에서 아무도 나를 지켜봐주는 사람이 없어도, 내가 이 세상에 살아야 할 이유를 찾지 못해도 나에게 조용히 미소지어주는 한 분이 계시다는 것을. 삶의 의미는 내가 노력한다고 해서 얻을 수 있는 게 아니라 위로부터, 하나님으로부터 계시된다는 것과 그동안 수없이 물었던 응답 없는 "왜"에 대한 대답은 오직 그분만이 가지고 계시다는 것을.

그분은 내가 인생의 외로움과 그 외로움을 지닌 자들의 고통을 이해하는 법을 배우게 하려고 기다리고 계셨던 것이다. 예수님은 전능한 분이지만 자신의 무한함을 시간과 공간의 제한 속에 스스로 구속하셨다. 몇십 년 후면 흙으로 돌아갈 나약한 육신 가운데 그분의 무한함과 전능함을 담아 나와 같이 외로워하고 나와 같이 괴로워하며 밤을 지새는 작은 아기로 오신 것이다. 그런 겸손함을 배우라고 예수님은 나에게 수많은 질문과 아픔을 허락하신 것이었다.

도서관에서 집까지 걸어가는 동안 하얀 눈이 휘날렸다. 하지만 나의 마음은 그분의 따뜻함으로 채워져 추운 줄 몰랐다.

더벅머리 목자님

하나님을 더 알고 싶은 마음으로 성경공부에 매진했다. ESF 관악회관에는 비슷한 고민을 가진 대학생들이 모여들었다. 지금은 교회들이 대학 청년부에 한국교회의 미래가 달려 있음을 알고 신경을 많이 쓰고 투자도 많이 한다. 그러나 그때는 청년들이 교회의 관심을 받지 못했던 시절이다.

우리들의 성경공부는 진지했고 금기가 없었다. 모인 학생들은 다양했다. 기독교를 전혀 모르는 상태에서 교양으로 성경을 한번 읽기 위해 오기도 했고 교회를 다녔으나 하나님에 대한 확신이 없어 성경공부를 하는 학생도 있었다. 사회구조와 불평등에 관심 있는 애들은 하나님이 살아 계시다면 왜 선한 사람이 고통당하고 악한 자들이 형통한 이 인간사회를 그대로 방관하시는가에 분노했다. 가정적으로 곤고한 애들도 많았다.

서울대에 들어갔다고 마을잔치가 벌어지고 축하 현수막이 마을 어귀에 붙었던 시골 출신 아이들은 낯선 도시문화와 상대적으로 잘나 보이는 학우들 때문에 열패감에 시달렸다. 반대로 아무 걱정 없어 보이는 애들은 행복이 행복인지 몰라 불행했다.

서울대에 다니면 공부 잘하고 미래도 보장되는데 무슨 고민이 있겠냐고 생각하는 사람들이 많겠지만 절대로 그렇지 않다. 그들이 겪는 열등감과 우월감 사이의 간극, 지나친 경쟁심, 주위의 기대가 무거운 짐이 되고 미래에 남들보다 더 잘 되어 있어야 한다는 압박감은 그들을 황폐하게 만들었다. 하나님의 위로가 필요 없는 곳은 이 세상에 한 곳도 없다. 다리만 성하면 뭐든 못할까 하던 나였지만 나보다도 더 어려운 친구들을 보며 가슴이 아팠다. 가난하고 몸도 성치 못했지만 나는 그 친구들과 서로 보듬어 안는 형제의 사랑을 나누었다. 아무 고통이 없는 사람은 없었다. 하나님은 공평하셨다.

마침 ESF 관악회관 전임으로 군복무를 마친 더벅머리 김회권 목자님이 돌아오셨다. 촌스런 남방셔츠, 단벌 양복, 낡은 구두에 더벅머리의 목자님은 서울대에 다닐 때 회심을 경험한 이후 탁월한 복음전도자가 되었다. 학부에서는 영문학을, 대학원에서 철학을, 장신대에서 신학을 전공했기 때문에 성경은 물론 철학, 신학, 문학에 이르는 해박한 지식으로 우리들의 앎에 대한 갈증을 풀어 주셨다. 목자님은 개인의 삶에서부터 시대와 역사까지 분별하는 폭넓은 시각으로 문제를 바라보았을 뿐만 아니라 성령의 힘으로 개인의 구원은 물론이고 사회의 모든 아픔까지 치유할 수 있다고 확신하셨다.

지성과 영성이 어우러진 뜨겁고 힘 있는 설교에 서울대뿐만 아니라 다른 대학교 학생들까지도 찾아왔다. 20평 남짓한 작은 회관은 몰려드는 학생들의 열기로 가득 찼다. 앉을 자리가 없어 신발장 앞에까지 빽빽하게 서서 설교를 들었다. 우리는 진리에 목말라 했다. 전두환 정권 시절이었다. 전경들과 반정부시위대, 학생들의 분신자살, 아크로폴리스의 집회, 최루탄 가스로 인해 서울대는 혼란과 매캐함으로 가득 찼다. 시대는 암울했지만 우리는 복음으로 치유되고 회복하며 그리스도의 용사로 거듭났다.

김회권 목자님은 그 후 프린스턴 신학교로 유학을 가서 박사 과정을 마치고 돌아오셨다. 일산 두레교회 담임을 맡으셨고 현재 숭실대 기독교학과 교수로 있으면서 여전히 청년들의 가슴에 하나님의 뜨거운 불을 지피고 있다.

나도 서서히 변해갔다. 홀로 외로움을 달래던 통기타로 채플 때 찬송가와 복음성가를 반주했다. 매일 도움만 받던 자가 요회 목자가 되어 어린 영혼들을 위해 기도하고 돌보는 것을 배웠다. 이전에 한 번도 소풍이나 수학여행을 가본 적이 없었지만 이젠 양들과 함께 신록수양회를 가고 여름이면 전국수양회에 가서 잃어버린

자를 찾으러 오신 예수님과 십자가에서 자신의 몸을 찢고 피를 화목제로 뿌려 우리를 하나님과 화목케 하신 사랑에 대해 배웠다.

특히 내가 많이 신경을 써주었던 두 명의 후배가 생각난다. 그중 한 명은 농대에 들어온 순박한 시골학생이었다. 어려운 가정형편 때문에 과외를 하느라 늘 시간에 쫓겼다. 나는 형처럼 밥도 사주고 고민도 들어주고 함께 성경을 읽었다. 그는 화학을 좋아해 다른 학교로 편입시험을 쳐서 옮겨 갔다. 후에 박사 과정을 하러 다시 서울대에 왔을 때 교수와 학생으로 다시 만났다. 우리는 앞으로 남은 인생과 미래에 대해 긴 이야기를 나누었다. 첫 아이를 잃은 슬픈 일은 이제 그만 주님께 맡기고 아내와 건강한 둘째 아이와 행복하게 살기를 바랐다. 약대생인 여자 후배는 눈물이 많았다. 외로워하고 자꾸 연약함에 빠지는 그에게 힘과 추진력을 주십사 기도했다. 졸업하고 취직해서 결혼을 했다는데 지금은 부디 주님 안에서 평안하길.

지금도 생각나는 형제 자매들이 많다. 이강학, 최해문, 안선, 이정국, 유정희, 김남권, 조윤희, 선원규, 김동규, 안은영 등이다. 전호태 형, 장달식 형, 김만수 형, 이강락 형들은 우리에게 좋은 믿음의 본이 되었다. 지금은 각각 교수와 대기업 임원이 되었다. 강학 형제는 유니온신학교에서 기독교영성신학을 공부하고 목사님이 되어 돌아왔고, 정국 형제와 정희 자매는 복음사역을 위해 일하다가 결혼하여 유학 중이다. 윤희 누나는 남을 돕는 데 은사가 있어 독일에서 특수교육을 전공하고 한동안 장애우와 노인들 돕는 일을 했다.

    이제는 모두 40-50대로 이 사회와 교회의 중추적인 일꾼들이 되었다. 우리는 젊은 날 같은 꿈을 꾸었다. 이 땅에 하나님의 진리가 선포되는 그날까지, 성령의 능력이 토막 난 한반도를 회복시켜주는 날까지 우리의 열정을 사그라트리지 않고 각자의 길에서 최선을 다하기로 다짐했다. 이들을 생각하면 지금도 가슴이 훈훈해진다. 늦은 밤 성경공부를 마치고 출출한 배를 안고 나오면 상업은행 앞에서 노점을 하던 우리 아버지가 형제들에게 뻥튀기를 하나씩 쥐어주셨다. 함께 울고 웃고 기도하고 격려했던 시간들이다. 같이 주님을 모신 공동체의 아름다움을 평생 잊지 못할 것이다.

고통, 고통 그리고 다시 고통

하나님을 머리와 가슴으로 받아들였지만 주님은 내게 더 필요한 것이 있으셨나보다. 대학 3학년 초부터 폐가 아파오기 시작했다. 신림 9동 지하방에서 학교까지 걸어가는 데 꼬박 한 시간이 걸렸다. 무거운 전공서적이 든 가방을 메고 하루 종일 강의를 듣고 집에 돌아오면 너무 피곤해서 정신이 몽롱할 지경이었다. 쓰러져 누워 조금 쉬었다가 과외를 하러 갔다. 이런 고단함 때문이었을까?

어느 날 캠퍼스를 걷고 있는데 갑자기 숨을 쉴 수 없는 고통이 밀려왔다. 간신히 학교 보건진료소로 갔다. 의사는 당장 서울대병원 응급실로 나를 호송했다. 나를 진찰한 의사는 심한 육신의 피로로 인해 폐에 큰 구멍이 났다고 했다. 목발을 짚고 너무 오래 걷다 보니 갈비뼈에 폐가 부딪쳐서 생긴 것이다. 갈비뼈와 폐 사이에 차 있는 공기를 제거하고 두 주를 병원에 누워 있었다. 일단 퇴원하라고 해서 집에 돌아왔지만 며칠 뒤 다시 통증이 시작되었다. 다시 서울대병원 응급실로 실려 갔다.

응급실 내 침대 옆에는 20대 후반의 남자가 누워 있었다. 전직 운동선수였다고 했다. 그는 이미 살 소망이 없는 말기암 환자였다. 나는 가지고 있던 성경을 그에게 주었다.

"하나님께서 형제님을 받아주실 거예요."

나는 막 깨닫고 있는 예수님과 구원과 부활에 대해 이야기했다. 그는 읽어보겠다고 했다. 나는 그를 위해 간절하게 기도했다.

병원의 응급실. 그곳은 아수라장이었다. 어느 아저씨가 암에 걸린 부인을 업고 응급실로 왔다. 40대로 보이는 아줌마는 고통으로 데굴데굴 굴렀다. 하지만 접수창구에서 그들을 받아주지 않았다.

무슨 행정적인 절차 때문인 듯했다. 아저씨는 의사들을 붙들고 사정사정하다가 결국 그들을 저주하기 시작했다.

"가난하다고 병원에 접수도 할 수 없는 놈의 나라, 돈 없으면 개 취급이냐? 공산당이나 내려와 다 없애버려라."

아저씨는 아내를 다시 업고 병원을 나갔다.

나는 의사에게 왜 저 아줌마를 치료해주지 않는지 물었다. 의사는 흔히 있는 일이라는 듯 아무렇지도 않게 말했다.

"저런 의료보호 대상자를 자꾸 받으면 병원이 만성적자에서 헤어날 수 없어요. 아줌마 상태로 봐서 별로 가망도 없어 보이고. 저런 아저씨들 아줌마 돌아가시면 병원비 떼먹고 몰래 도망갈 사람이에요."

나는 끓어오르는 분노를 참을 수 없어 어떻게 의사가 그런 말을 할 수 있느냐고 따졌다. 그는 자신도 어쩔 수 없다며 가버렸다. 나는 도저히 그 자리에 누워 있을 수 없었다. 주섬주섬 옷을 갈아입고 병원을 나와버렸다.

가족들은 나를 세브란스병원으로 데려갔다. 폐를 잘 보는 의사가 있다고 했다. 그곳에서 갈비뼈 사이를 벌려 폐를 수술했다. 나는 처음으로 숨 쉴 때마다 죽고 싶을 만큼 아픈 고통이 무엇인지 뼈저리게 알았다. 숨쉬기가 무서웠다. 숨을 쉴 수도 없고 안 쉴 수도 없었다. 숨을 쉬면 고통이고 쉬지 않으면 죽음이었다. 십자가

처음으로 숨 쉴 때마다 죽고 싶을 만큼 아픈 고통이 무엇인지 뼈저리게 알았다.
숨쉬기가 무서웠다. 숨을 쉴 수도 없고 안 쉴 수도 없었다.
숨을 쉬면 고통이고 쉬지 않으면 죽음이었다.
십자가에서 고통과 죽음 사이를 오가며 마지막까지 이렇게
숨을 고르셨을 예수님의 고통이 느껴졌다.

에서 고통과 죽음 사이를 오가며 마지막까지 이렇게 숨을 고르셨을 예수님의 고통이 느껴졌다. 진통제를 맞아도 몇 시간 있다가 다시 통증이 시작되었다. 밤엔 이를 악물고 참아야 했다. 욥의 고통이 생각났다.

"밤이 되면 내 뼈가 쑤시니 나의 아픔이 쉬지 아니하는구나"(욥 30:17).

그렇게 몇 주가 흘렀다. 나는 집으로 퇴원했다. 해가 들지 않는 컴컴한 방에 누워 내가 할 수 있는 일은 오직 기도와 성경 읽기와 독서였다.

불완전한 자에게 두신 완벽한 계획

반 지하 방에 누워 있으면 그곳으로 지나다니는 사람들의 발소리가 잘 들린다. 재잘대며 달려가는 초등학교 아이들의 가벼운 발소리, 출근하는 여자들의 경쾌한 하이힐 소리, 말끝마다 욕을 집어넣어야 문장이 끝나는 중고생들의 거친 발자국 소리, 늦은 밤 술 한 잔 걸치고 비틀대며 퇴근하는 가장들의 외로운 구두 소리. 그들은 매일 지나다니는 길 아래 해가 닿지 않는 어두운 방에 누워 있는 나의 존재에 대해 알까? 아마 오늘 죽어 나간다고 해도 모를 것이다. 내가 어디에 있든지 나를 보고 미소 지어주실 하나님을 모른 채 그곳에 누워 있었더라면 나는 절망의 무게에 짓눌려 영영 일어나지 못했을지도 모른다.

봄과 여름이 지나고 가을이 왔다. 몇 개월 만에 처음으로 방을 나와 바깥세상을 구경했다. 가을 하늘이 이렇게 투명하게 푸르렀던가? 나뭇잎 사이로 반짝이는 황금햇살이 이렇게 눈이 부셨던가? 뺨 위를 스치는 공기가 이렇게 가슴이 툭 터지도록 시원했던가? 세상이 그렇게 아름다운 줄 처음 알았다. 세상에 고통 없이 숨 쉴 수 있고 마음껏 태양빛을 즐길 수 있는 것, 그것보다 더 감사할 일이 어디 있겠는가. 너무 흔하고 평범해서 인식도 못했던 것들이었다. 그러니 나머지 것들은 더 말할 것도 없었다. 범사에 감사하는 것이 그리스도 예수 안에서 우리를 향하신 하나님의 뜻이란 것을 나는 가슴으로 체득했다.

하지만 하나님은 나를 더 정화하길 원하셨다. 몇 주 뒤 이번에는 반대쪽 폐에 똑같은 통증이 생겨 숨을 쉬지 못했다. 다시 병원에 가서 엑스레이를 찍었다. 의사는 같은 증세니 또 수술을 하자고 했다. 나는 낙심했다. 겨우 추스르고 일어났는데 또다시 그 고통을 겪어야 한다니. 하나님은 왜 나를 이렇게 힘들게 하시는 것인가.

"우선 하나님께 여쭤봐야 하겠습니다."

의사가 어이없다는 표정으로 나를 봤다.

"당장 수술하지 않으면 폐가 갑자기 파열하여 심장마비로 죽을 수도 있습니다."

말귀를 못 알아듣나 싶었는지 의사는 '심장마비로 죽는다'에 힘을 주어 말했다.

"저는 죽음이 두렵지 않습니다. 그렇지만 나를 향한 하나님의 뜻이 무엇인지 그것부터 알아봐야겠습니다."

병원을 나왔다. 사실이었다. 나는 죽음보다도 왜, 언제까지 이런 고통이 계속되어야 하는지 그것을 하나님께 묻고 싶었다.

며칠 밤을 누워 있었다. 차라리 일찍 주님께 가는 것도 좋을 듯 싶었다.

'그냥 이렇게 누워서 죽음을 기다릴까?'

주위 사람들에게 피해를 주지 않고 조용히 생을 등질까도 생각해보았다. 그건 못할 짓이었다. 당신의 목숨보다 이 아들을 더 사랑하는 어머니를 슬프게 할 수는 없었다. 나는 처음으로 기도원을 가보기로 결심했다.

어머니와 함께 버스를 타고 한적한 산속에 있는 기도원에 갔다. 그곳에는 갖가지 병과 인생의 문제로 찌들고 짓이겨진 사람들이 마지막 도움의 끄나풀을 잡으려 모여 있었다. 육신과 삶의 고통으로 인해 그들의 동공에선 희망도 절망도 다 지워져 아무것도 찾아볼 수 없었다. 나는 기도원 한 구석에 자리를 잡고 엎드려 기도를 시작했다. 병을 낫게 해달라는 말은 한 마디도 안 나왔다. 대신 원망이 터져 나왔다.

"왜 나를 만드셨나요. 왜 나한테만 이렇게 가혹하신가요. 매일 아프고 누워만 있고 아무 쓸모없는 나 같은 자가 살아 있는 게 하나님 당신과 무슨 상관이 있나요. 족하오니 이제 그만 나를 불러주세요."

하루가 지났다. 치유된다는 소망도, 왜 내가 사는지에 대한 응답도 없었다. 나는 습관처럼 엎드려 다시 기도를 시작했다. 문득 등 뒤로 누군가 부르는 찬송 소리가 선명하게 들려왔다. "내 모습 이대로 주 받으옵소서 날 위해 돌아가신 주 날 받으옵소서."

날선 검 하나가 심장 한가운데에 들어와 박히는 듯했다. 갑자기 눈물이 터져 나왔다. 빳빳하게 서 있던 내면의 자아가 툭하고 꺾였다. 나는 울고 울고 또 울었다.

"이 교만한 자를 용서하소서. 작고 작은 피조물이 육신의 고통 때문에 창조주에게 목을 세우고 변론했나이다. 무례함을 용서하소서. 아무것도 모르는 자가 짧은 지식을 들이대며 나의 존재 이유와 목적에 대해 하나님을 공격했나이다. 이 죄를 용서하소서."

4. 불완전한 자에게 두신 완벽한 계획

회개가 터졌다.

"나는 깨닫지도 못한 일을 말하였고 스스로 알 수도 없고 헤아리기도 어려운 일을 말하였나이다…그러므로 내가 스스로 거두어들이고 티끌과 재 가운데서 회개하나이다"(욥 42:3, 6).

나는 하나님의 모든 주권과 통치권을 인정했다. 나의 연약함과 가난과 고통이 전적으로 그분의 뜻인 것도 인정했다. 더 이상 하나님께 대들지 않고 나처럼 연약한 자들을 긍휼히 여기며 그들에게 희망을 주며 살아야 하는 것이 내게 두신 하나님의 뜻임도 알았다.

하나님은 날 꿰뚫어 보고 계셨다. 사실 "지음을 받은 물건이 지은 자에게 어찌 나를 이같이 만들었느냐 말하겠느냐"(롬 9:20)라는 말씀을 읽을 때마다 마음이 불편했다. 나를 이렇게 만든 하나님이 불공평하신 거 아니냐고 그 책임을 묻고 싶었던 것이다. 그러나 이제 그 말씀을 그대로 받아들였다. 나는 실패작이 아니다. 불완전한 자이지만 내게 두신 하나님의 계획은 완벽하다.

"주의 뜻대로 나를 받으소서. 하나님의 빚으심대로 나를 내어 드리나이다."

다음 날 엄마에게 집으로 가자고 했다. 40일 금식을 계획하고 왔는데 병도 낫기 전에 가자고 하니 엄마는 놀라셨다.

"엄마, 병 나으려고 여기 온 거 아니에요. 왜 사는지 알려고 왔는데 이젠 확실히 알았어요."

앞으로 더 힘든 상황이 닥쳐도 하나님의 사랑을 의심하지 않고 이겨낼 수 있다는 확신이 들었다. 집에 돌아와 하루에 대여섯 시간을 기도했다. 나는 욥이 드렸던 기도를 똑같이 드렸다.

"내가 가는 길을 그가 아시나니 그가 나를 단련하신 후에는 내가 순금같이 되어 나오리라"(욥 23:10).

하나님은 병을 치유해주셨다. 폐의 통증이 씻은 듯 사라졌다.

축복의 다른 얼굴

하나님은 내게 육신에 의지하지 않는 법을 가르쳐주셨다. 아파서 누워 있는 동안 나는 기도하는 법, 성경 읽는 법, 고통 가운데서도 찬양하는 법을 배웠다. 아브라함이 바랄 수 없는 가운데 바라고 믿었다는 것이 무엇인지도 알았다. 소망이란 장밋빛 꿈이 아니라 절망 가운데서도 놓지 않는 끈질긴 믿음이라는 걸 깨달았다.

바울이 궁핍과 죽음의 위험 속에서도 "내게 능력 주시는 자 안에서 내가 모든 것을 할 수 있느니라"(빌 4:13)고 고백했던 것을 나도 할 수 있게 하셨다. 그 고백은 어떤 상황에서도 나의 전 존재를 걸고 믿음을 지키는 존재론적 선언이 되었다.

코람데오(Coram Deo), 오직 주님 앞에서 발가벗고 서 있는 것이 얼마나 중요한지 주님은 알게 하셨다. 하나님 이외에는 아무도 두려워하지 않고 아무것도 숨길 것 없는 삶은 인간 세상에서 얼마나 자유로운지 모른다. 세상은 잠깐 있다가 사라지는 안개와 같으므로 땅의 것에 집착하지 않고 위를 보고 살게 된다.

나는 "진리가 너희를 자유롭게 하리라"(요 8:32)는 말을 진심으로 이해한다. 주님만 바라보면 죽음도 두렵지 않다. 사람들의 시선과 판단, 명예와 부귀로부터 자유로워져 하나님의 십자가 도 이외는 모두 오늘 피었다 내일이면 지는 하루살이 꽃일 뿐이다.

"겨우 100년!"

사람살이가 길어야 100년이다. 내가 벌써 40대 중반이니 세월은 얼마나 짧은가.

종종 우리가 왜 고난을 겪는지 알 수 없을 때가 많다. 나는 아픔을 겪으면서 하나님은 고통이 어디에서 오는지 설명하기 전에 우리와 함께 고통에 참여하신다는 걸 알았다. 나와 함께 앰뷸런스에 계셨고 나와 함께 응급실에 누워 계셨고 나와 함께 수술대에 오르셨고 나와 함께 뼈가 어그러지는 고통의 밤을 지새우셨다. 내 곁에 서서 나보다 더 아파하시는 엄마를 볼 때마다 하나님의 사랑을 함께 느꼈다. 하나님은 이 세상을 아무 흠 없는 낙원으로 만들기 위해 전능의 막대기를 휘두르기보다는 스스로 연약해지고 겸손해지셨다. 인간의 고통을 함께하는 하나님의 거룩한 참예하심은 영원하다. 왜냐하면 하나님은 그리스도 예수라는 현재에 모든 영원함을 끌어안으셨기 때문이다.

> 그는 근본 하나님의 본체시나 하나님과 동등됨을 취할 것으로 여기지 아니하시고 오히려 자기를 비워 종의 형체를 가지사 사람들과 같이 되셨고 사람의 모양으로 나타나사 자기를 낮추시고 죽기까지 복종하셨으니 곧 십자가에 죽으심이라(빌 2: 6-8).

나는 이 말씀을 마음의 벽에 새겼다.

병을 치유 받았으나 나는 끊임없는 육신의 나약함에 노출되어 있었다. 그러나 하나님은 그것으로 인해 약한 데서 강해지는 법도 배우게 하셨다. 산다는 것은 끊임없는 희망의 목마름 속에서 뒤로 물러서지 않는 것이며 우리 영혼 속에 뿌리박힌 하나님의 본질을 찾아 전진하는 것이다. 또한 길고도 짧고 외롭지만 공동체 형제들의 사랑을 버팀목 삼아 의지하며 눈물 속에서도 환하게 웃는 것임을 하나님은 나에게 가르치셨다. 무엇보다 강한 침묵으로 다가오는 그분의 음성 듣는 법을 배웠고 쓰라린 고통으로 다가오는 축복을 볼 줄 아는 그리스도인의 눈을 가지게 되었다.

신앙에도 철이 들 때가 있다. 철든 자식이 부모와 싸우지 않듯 철이 들면 하나님과 다투지 않는다. 철든 자식이 부모의 마음을 헤아리듯 하나님의 마음을 헤아린다. 철든 그리스도인들은 더 이상 하나님의 사랑을 의심하지 않는다. 당신의 사랑을 보여달라고 보채지도 않는다. 하나님이 기뻐하실 것을 생각하면 내가 더 기쁘다. 그리고 그분이 우리에게 행하시는 모든 일을 사랑으로 알고 전적으로 신뢰한다. 그것이 죽음이라 하더라도.

1년 동안의 투병 기간에 나는 신앙에 철이 들었다. 가끔 비틀거릴 때도 있었지만 주저앉지는 않았다. 이후의 삶은 이전의 삶보다 수월했다. 처음 직립인간이 되어 보행연습을 마친 다음처럼.

5.
버클리를 향하여

내가 그 어떤 부서진 배를 탈지라도
그 배는 당신 방주의 증거가 될 것입니다.
그 어떤 바다가 나를 삼킬지라도
그 바다는 당신 피의 증거가 될 것입니다.
당신이 노여움의 구름으로 얼굴을 가릴지라도
그 검은 베일 사이로 당신의 눈동자를 느낄 수 있습니다.
때로 눈길을 돌린다 해도
나를 멸시하는 일은 없으시기를…
이제는 나의 겨울, 나도
진실한 사랑이요 영원한 뿌리인
당신밖에는 전혀 아는 사람이 없는 곳으로 떠나갑니다…
_〈그리스도 찬가〉, 존 던

다니엘처럼

한 해를 꼬박 병상에서 지내고 3학년에 복학했다. 목발을 짚고 계속 걸어다니기에는 건강이 완전히 회복되지 않았다. 운전면허시험에 다섯 번 떨어지고 여섯 번 도전한 끝에 면허증을 땄다. 운전학원에서는 요령만 가르쳐주었다. 도움이 안 되었다. 다섯 번 떨어지고 나니 운전에는 문리가 텄다. 머리로만 이해되던 기능이 몸에 익었다.

  요즘 열풍이 부는 사교육도 마찬가지일 것이다. 요령만 배우면 금방 성적이 오를지는 몰라도 먼 길을 가기 어렵다. 공부가 몸에 익으려면 직접 부딪쳐서 익혀야 한다. 과외를 해서 모은 돈 100만 원으로 고물 포니를 샀다. 가끔 운행 도중 서버려 같이 탔던 사람들이 밀어줘야 했지만 운전 덕분에 행동반경이 넓어졌다.

다행히 하나님께서 지혜를 주셔서 나는 처음부터 졸업까지 단 한 번도 과 수석을 놓치지 않았다. 체육은 항상 C, D학점이 나올 수밖에 없어 다른 과목에서 모두 최고의 성적을 내야 했다. 나는 공부와 신앙생활 두 가지에만 전념했다. 대학 시절에 술과 담배, 커피, 연애로부터 나를 철저히 분리했다. 지금 생각해도 참 좋은 선택이었다.

전공과목을 공부할 때는 서너 명의 친구들과 스터디 그룹을 만들어 같이 숙제하고 토론하며 논리를 정리해가는 훈련을 쌓았다. 수학은 화학이나 물리, 생물과는 달리 기본적인 공리(axiom) 위에 자신의 논리를 쌓아가는 추상적인 예술이다. 실험의 데이터나 자연의 현상과는 별도로 자신만의 논리체계를 구상할 수 있는 관념의 세계다. 수학은 하나님께서 인간에게 주신 이성의 꽃이라고 할 수 있다.

하나님은 때때로 나에게 새로운 시각으로 문제에 접근하는 창조성과 순발력을 주셨다. 가끔 과 친구들의 시험 평균성적이 20-30점에 머물 때 나 혼자 만점을 맞기도 했다. 내가 공부해서 만든 매뉴얼을 친구들에게 기꺼이 제공했다. 과 친구들은 내 매뉴얼을 시험공부 할 때 자료로 이용했다.

나의 대학 시절 대부분은 민주주의 쟁취를 위한 시대였다. 데모대와 전경과의 대치가 학교에서 매일 벌어졌다. 독재에 항거하며 분신하는 학우들의 죽음도 잇달았다. 아크로폴리스 광장에는 데모대의 노래로 가득했다. 공부를 한 시간보다 어느 학우, 어느 노동운동가의 연설을 들으며 지낸 시간이 더 많았다. 수업거부와 교수들과의 충돌로 인해 정상적인 교육과 전공분야 학업에 큰 차질을 빚었다. 과에서 소위 운동권에 속한 친구들이 수업거부를 주동할 때면 나에게 도움을 청했다.

"인강아, 네가 가서 교수님을 설득해줘야겠다."

나는 교수님들을 찾아가 시대가 요구하는 상황이니 부디 젊은 이들의 순수한 마음을 이해해달라고 말씀드렸다. 모든 교수님들이 허락하는 것은 아니었다. 우리는 정규수업을 제대로 받지 못하고 학점의 불이익을 감수하고 시험을 거부하며 대학 시절을 보냈다.

한창 공부하고 인생의 방향과 진리탐구에 시간을 바쳐야 할 대학 시절을 우리는 무력으로 시위대를 진압하는 공권력과 독재정치에 항거하며 보냈다. 사회와 정치, 역사의 톱니바퀴에 끼어 신음한 세대다. 하지만 돌이켜보면 시대가 어두웠기 때문에 우리는 더욱 진리에 목말랐고 정의를 위해 젊음을 던지는 용기도 경험했던 것 같다.

무엇보다 독재가 물러가고 문민시대를 열었다는 자부심을 얻었다. 세상은 저절로 좋아지는 법이 없다. 하지만 다시는 이런 시대가 반복되지 않기를 바란다. 우리 후배들이나 자식들 시대에는 피비린내 나는 정치투쟁이 아닌, 살벌한 이념투쟁이 아닌, 예술과 신앙과 순수학문에 젊음을 바칠 수 있는 더 좋은 시대가 오기를 기도한다.

전공과목 중 나는 특히 위상과 기하에 매력을 느꼈다. 많은 계산이나 도구(machinery)에 의존하기보다 번득이는 아이디어를 요구하는 이 학문에 묘한 매력을 느껴 나는 이 분야를 전공하기로 결심했다. 수학은 나에게 잘 맞는 학문이었다. 사람들과 부딪히지 않아도 되고 몸을 많이 쓰지 않아도 되었다. 굳이 연구실이나 도서관에 있지 않아도 산책을 하다가 혹은 잔디밭에 앉아 있거나 밥을 먹다가도 연구가 가능했다. 머리만 있으면 되니 시공의 제약이 없다. 종이 한 장과 연필이 있다면 더 좋겠지만.

다니엘을 본받아 공부와 신앙생활이 일상이 되었던 5년 간의 대학 시절을 끝냈다. 나를 찾으시던 하나님을 만나고 그분의 자녀가 된 내 인생에서 가장 값진 시절이었다. 하나님의 자비로우심으로 서울대를 전체 차석으로 졸업했다.

버클리 대학교를 향하여

나는 교수가 될 꿈을 품었다. 젊은이들에게 수학과 꿈과 소망 그리고 하나님을 가르치고 싶었다. 4학년 2학기부터 토플과 GRE를 준비했다. 흥미 있던 위상수학 분야에 강한 유명한 미국 대학들 몇 군데에 원서를 보냈다. 내 조건은 장학금과 생활비 지급이었다. 프린스턴과 하버드에서는 장학금을 못 주겠다고 답이 왔다. 버클리에서 학비 면제와 한 달에 1천 달러의 생활비를 주겠다고 했다. 다른 학교에서는 더 좋은 조건을 제시해왔다.

하지만 버클리에는 위상기하학으로 유명한 교수들이 많았다. 나는 버클리로 가기로 했다. 버클리는 학풍이 자유롭고 인종도 다양하며 무엇보다 날씨가 좋았다. 목발을 짚고 다녀야 하는 나는 비가 많거나 눈이 많이 오는 곳은 피하고 싶었다. 다행히 선경의 고등교육재단 해외장학생으로 뽑혀 경제적인 부담을 덜었다. 여호와 이레, 예비하시는 하나님이 항상 그러하셨듯이.

어머니는 걱정하셨다.

"엄마가 못 따라가는데 너 혼자 어떻게 살겠니?"

나도 걱정이 안 되는 것은 아니었다. 누구의 도움 없이 한 번도 혼자 살아본 적이 없었으니까. 하지만 안주하고 싶지는 않았다. 삶에 도전이 없으면 전진도 없고 하나님의 도우심도 체험할 수 없다. 그리고 이제는 어머니로부터 독립을 해야만 했다.

　난생 처음 비행기라는 것을 탔다. 같은 학교에 입학한 친구와 함께 책과 옷, 이불이 든 큰 이민가방을 부치고 김포공항을 떠났다. ESF 관악회관에서 같이 성경공부를 한 윤희 누나의 오빠가 버클리 근처 프리몬트에 살고 있어 우리를 공항에서 맞아주셨다. 강렬한 캘리포니아의 태양과 바다 내음, 이국적인 야자수 가로수 길을 달려 아저씨 집에 도착했다. 고맙게도 윤희 누나의 오빠는 우리가 기숙사에 들어가기 전까지 집에 머물 수 있도록 해주셨다.
　나는 그곳에서 2주 후에 있을 예비시험(preliminary exam)을 준비했다. 박사 과정으로 직접 들어갔기 때문에 예비시험을 봐야 한다는 것을 미국에 도착해서야 처음 알았다. 3학기 내에 패스하면 되지만 그렇지 못하면 학교를 떠나야 한다고 했다. 매도 처음 맞는 게 낫다고 나는 학기 초에 시험을 보기로 마음먹었다.
　차가 필요했다. 우선 운전면허를 따고 200달러짜리 쉐비 한 대를 구입했다. 한국에서 가져간 지렛대를 용접해 차를 장애인용으로 개조했다. 차도 생겼겠다, 우리는 학교에 한번 가보기로 했다.
　낯선 미국의 고속도로를 달렸다. 어디선가 타타타타타 하는 헬리콥터 소리가 들렸다. 어디서 나는 소리인지 몰라 하늘을 쳐다보았지만 아무것도 없었다. 그런데 우리 옆을 지나치는 차 안에 있는 사람들이 자꾸 손짓을 하고 뭔가 큰 소리로 떠들며 지나갔다. 아무래도 심상치 않은 일이 일어났음을 직감했다.

길가에 차를 댔다. 밖으로 나왔을 때에야 타타타타타 하는 게 무슨 소리였는지 알았다. 차의 낡은 뒷바퀴가 터져 타이어가 산산조각 나며 떨어져나가는 소리였던 것이다. 뒤 트렁크를 열어 예비 타이어가 있는지 보았다. 작은 타이어가 있었지만 도구가 없었다. 마침 우리 옆을 지나가던 순찰차를 손을 들어 세웠다. 우리는 짧은 영어로 자초지종을 설명하고 도움을 청했다. 경찰은 차를 견인하라고 했다. 비용이 얼마나 들겠느냐고 물었더니 보험처리를 안 하면 몇백 달러가 든다고 했다. 겨우 200달러 주고 산 차에 몇백 달러짜리 견인을 할 수 없었다. 우리는 도구가 없어서 그러니 타이어를 교체해줄 수 없겠느냐고 경찰에게 부탁했다. 경찰은 그런 일은 할 수 없다고 거절했다. 대신 아저씨에게 무전기로 우리가 처한 상황과 위치를 알려주고 휑하니 가버렸다.

아무리 기다려도 아저씨는 오지 않았다. 우리는 길가를 따라 걷다가 마침 고속도로 보수공사를 하고 있는 인부들을 만났다. 그들에게 부탁해 겨우 타이어를 갈았다. 우리는 버클리 대학에 무사히 도착했다.

처음 가본 버클리의 풍경은 인상적이었다. 특히 대학 앞 텔레그라프 애비뉴의 노점상들과 거지들, 공연하는 사람들, 히피들로 북

적이는 그 냄새 나는 거리는 자유분방했다.

나는 TA(teaching assistant)를 하기로 되어 있어 10분 동안의 모의 강의를 하는 티칭 테스트(teaching test)를 받아야 했다. 합격하지 못하면 어학코스를 이수해야 한다. 약속된 장소에 가보니 언어학과와 교육학 관계 교수 세 명이 앉아 있었다. 교수들은 수학 공식과 푸는 과정을 질문했다. 나는 칠판에 공식을 풀어가며 설명했다. 교수들은 내가 목발을 짚고도 판서가 가능한 것을 대견해했다. 그들은 내 영어 실력이 괜찮고 설명도 꽤 잘한다며 칭찬했다.

"영어를 언제부터 배웠습니까?"

"중학교 때부터요."

그들이 어깨를 으쓱했다.

"패스."

영어공부는 따로 해본 적이 없다. 학교 공부와 AFKN 듣고 보기 그리고 영어 소설 읽기가 전부였지만 의사소통에는 지장이 없었다. 나는 하나님께 감사하고 그들의 격려에 자신감을 가졌다. 학기가 시작되자마자 예비시험과 독일어 언어시험을 봤다. 예비시험 문제는 경시대회 문제처럼 생소하고 난해했다. 나는 무사히 두 시험을 통과했다. 연약한 자에게 주시는 하나님의 격려였다.

음부에 내 자리를 펼지라도

버클리에서의 첫 해는 학부생 기숙사에 들어갔다. 처음으로 부모로부터 해방돼 고삐 풀린 망아지 같았던 미국의 신입생들은 내게 상당한 문화적 충격을 주었다. 기숙사는 남녀공용이었다. 각 층에 하나밖에 없는 공용 샤워실에서 벌거벗은 몸으로 아래만 대충 가리고 튀어나오는 여학생들과 그들의 개방적인 성 관념에 나는 어찌할 바를 몰랐다. 어느 수업 시간에는 나체주의자들이 실오라기 하나 걸치지 않고 교실에 들어와 앉았다.

"내가 도대체 여기서 어떻게 살아남을 수 있을까."

한숨이 나왔다. 하지만 살아남았다. 시간이 지나니 그것들도 익숙해졌다. 내 룸메이트는 키가 2미터나 되는 트레보라는 학생이었는데 학교 밴드부에서 트럼펫을 불었다. 항상 친구들을 데려와 밤늦게까지 떠들며 공부를 하는 통에 나는 밤에 제대로 잠을 잘 수 없었다.

유학생이면 누구나 겪는 어려움을 나도 피해갈 수 없었다. 버클리는 공부를 세게 시키는 학교로 유명했다. 미국에서도 상위에 드는 좋은 학교라 우수한 애들이 많았다. 그들과 함께 공부를 하는 것도 큰 부담이 되었다. 숙제를 하느라 매일 밤을 새웠다. 학생만 힘든 게 아니었다. 교수들도 연구를 하느라 집에 안 들어가는 일이 다반사라 "아예 집에 오지 말고 학교에서 죽 사시지요"라는 소리를 들으며 아내로부터 이혼을 당하기도 했다.

TA라 영어로 학생들에게 수학을 가르치려니 무척이나 힘이 들었다. 첫 수업 시간에는 서툰 영어와 그들이 쓰는 슬랭을 못 알아들어 진땀을 흘렸다. 몇몇 학생들은 수업 중에 다리를 책상에 올리고 팔짱을 끼고 나를 못마땅한 듯 노골적으로 째려봤다. 내가 참다못해 한마디 했다.

"내 수업이 맘에 안 들면 일어나서 나가라. 날 못 믿겠으면 다른 섹션으로 가라. 그것이 공평하다."

야구 모자를 눌러쓴 녀석을 비롯해 학생 몇 명이 나갔다. 수업 분위기가 훨씬 안정되었다. 몇 주가 지나서야 영어로 강의하는 것이 익숙해지기 시작했다. 학생들도 나를 신뢰해주었다. 내가 근무하는 시간에 일부러 찾아와 수학뿐만 아니라 이런저런 사는 얘기도 하고 개인적인 고민도 털어놨다. 버클리도 서울대처럼 미국에서는 내로라하는 애들이 모이는 곳이라 고등학교 때는 공부를 잘 했지만 대학에선 형편없는 점수를 받는 애들이 많았다. 입학은 했어도 20-30퍼센트는 도중에 잘렸다. 우울증에 걸려 자살하는 애들도 있고 마약에 빠져들기도 했다. 어떤 애들은 내 앞에서 울었다. 나는 그들을 오빠처럼 형처럼 다독여주었다.

"최선을 다해보고 그래도 도저히 따라갈 수 없다면 좀 더 쉬운 다른 대학으로 옮겨라. 거기 가서 1등을 해라. 더 좋은 기회가 올 거다."

내 말을 듣고 진짜 학교를 옮긴 학생들도 있었다. ESF에서 성경공부를 하며 양을 돌보는 목자의 심정을 배운 것이 이렇게 쓰일 줄이야. 인생의 모든 경험은 비밀 열쇠와 같다. 어느 곳의 문을 열게 될지 아무도 모른다.

TA를 하면서 대학원 수업을 따라가자니 쉽지 않았다. 숙제로 내준 난해한 문제와 씨름하다보면 며칠이 후딱 지나갔다. 강의와 수업, 어린 학생들의 상담으로 몸과 마음이 지쳐갔다.

오후 다섯 시경이면 학교에서 나와 바닷가로 갔다. 태평양의 비릿한 바닷바람을 맞으며 지친 육신과 영혼을 가다듬었다. 1-2킬로미터 되는 산책길을 걸었다. 엄마를 생각하고 하나님을 붙들며 나는 주저앉지 않으려고 노력했다. 작은 벤치에 앉아 금문교로 넘어가는 해를 보며 시편을 수없이 외웠다.

내가 주의 영을 떠나 어디로 가며
주의 앞에서 어디로 피하리이까
내가 하늘에 올라갈지라도 거기 계시며

> 스올에 내 자리를 펼지라도 거기 계시니이다
> 내가 새벽 날개를 치며 바다 끝에 가서 거주할지라도
> 거기서도 주의 손이 나를 인도하시며
> 주의 오른손이 나를 붙드시리이다(시 139:7-10).

그리고 집에 돌아와 기도하고 성경을 읽으며 믿음의 후배들에게 편지를 썼다. 나를 돌아보고 약해지거나 게을러지지 않도록 스스로 채찍질했다. 수업에 들어가서도 하나님께 먼저 기도하고 도우심을 구했다. 그분은 나를 도우셨다.

한 학기를 마치고 TA 평가에서 중상 정도의 점수를 받았다. 학생들은 내가 성심성의껏 수업을 준비해온다는 것과 알기 쉽게 가르친다는 것에 좋은 평을 써주었다. 단지 목소리가 작다는 것이 감점이 되었다.

나는 모든 일에 하나님을 의지하는 법을 배우게 되었다.

공부를 잘하려면 묻고 대답하라

세상에는 참 똑똑한 사람들이 많았다. 세미나에 들어가면 나는 문제도 이해하지 못했는데 어떤 학생들은 이해를 넘어서서 질문도

인생의 모든 경험은 비밀 열쇠와 같다.
어느 곳의 문을 열게 될지 아무도 모른다.

하고 자기가 생각해낸 새로운 풀이 방식을 제시하기도 했다. 나는 그런 문제들을 적어와 혼자 고민을 했다.

'수학을 계속 해야 하나 그만두어야 하나.'

학년이 올라갈수록 더 똑똑한 학생들이 나타났다. 그럼에도 불구하고 나는 꿋꿋이 견뎠다. 이것을 견디지 못하면 학문을 계속할 수 없다. 나의 가치를 똑똑한 것에 두면 늘 불행하다. 지구 위에는 나보다 똑똑한 사람이 해변가의 모래알보다 많으니까. 결국 미치거나 자살을 선택할 수밖에 없다. 버클리 대학 수학과가 있는 9층 창문에서는 아름다운 샌프란시스코 만이 보인다. 살아 있다면 수학의 노벨상이라고 부르는 필즈메달을 분명하게 받았을 플레어(Floer)가 이곳에서 뛰어내려 삶을 끝냈다. 자신이 똑똑하지 못하다는 데 절망한 것이 이유라고 한다. 그는 플레어 호몰로지(Floer homology)로 유명하다.

서울대에서는 보통 교수가 필기를 해주고 학생들은 받아쓰는 수동적인 수업이었는데 버클리에 와보니 토론이 많았다. 묻고 답하는 가운데 핵심을 알아갔다. 나 같은 경우엔 모르면 그냥 입을 다물고 있는 편인데 다른 학생들은 대담하게 묻고 또 물었다. 처음엔 정말 유치한 질문도 많았다.

'세계적인 대학에 들어온 애들이 어떻게 저런 것도 모르냐?'

그런데 1년쯤 지나면 역전이 된다. 가만히 듣고만 있었던 학생과 질문을 했던 학생의 위치가 바뀌어버린다. 우리나라 학생들은 열심히 책은 읽어오지만 수업 시간에는 잠잠했다. 언어가 자유롭지 못해 자신감이 없는 탓이기도 했다.

그러나 중국 학생들은 우리보다 영어를 못해도 자꾸 물었다. 나중엔 엄청난 차이가 났다. 유명한 학자들과 몇 시간만 이야기를 나눠보면 무엇이 중요한지 핵심이 파악되었다. 수줍은 편인 나도 처음에는 조용히 앉아 있었지만 점점 질문이 늘어갔다. 나는 후배들에게 이렇게 충고했다.

"무조건 물어봐라. 그리고 아는 게 있으면 용기 있게 대답해라. 혼자서 책 백 번, 천 번 읽는 것보다 전문가와 몇 시간 얘기하는 게 낫다."

기하위상을 공부하는 수학자들에게는 서스턴(W. Thurston)과 그로모프(M. Gromov)라는 두 우상이 있다. 이들이 써놓은 논문들과 책은 난해하기로 유명하다. 하지만 그들의 뛰어난 통찰력과 천재성은 논문 한 줄 한 줄에 담겨 있고 많은 박사 과정 학생들은 그 논문 중 한 줄 또는 한 문장을 가지고 몇 년을 연구해서 박사학위를 받았다. 마침 프린스턴 대학에 있던 서스턴 교수가 버클리에 있는 MSRI 연구소의 디렉터 겸 버클리 교수로 부임해왔다. 나는 주로 그의 세미나에 참석했는데 처음 5분은 누구나 알아들을 수 있는 이야기였지만 그 뒤는 내 수준으로는 이해하기 힘들었다.

'나는 과연 수학에 자질이 있는 걸까?'

고민은 했지만 좌절할 필요는 없었다. 그 세미나를 듣는 대부분의 학생들이 똑같은 생각을 했으니까. 나는 그가 써놓은 강의록을 읽기로 했다. 세 명이 모였다. 매주 한 번씩 모여 그가 프린스턴에서 강의했던 노트를 읽어나갔다. 그의 책 한 줄을 어렴풋이 이해하는 데도 짧으면 하루, 길면 며칠이 걸렸다. 솔직히 고백하자면 어떤 것은 지금도 이해하지 못한다.

그의 강의록을 읽어가며 내가 할 수 있는 모든 수학적 상상력을 동원하는 훈련을 했다. 한 발자국씩 어둠 속에서 스스로 길을 찾아나가는 방법을 체득하기 시작했다. 나는 그 책의 일부 내용으로 박사 자격시험(qualifying exam)을 통과하고 논문 주제도 쌍곡기하에 기반을 둔 문제를 다루기로 결심했다.

광란의 파티

육체적인 고통, 정신적인 괴로움 같은 것은 아무리 힘들어도 지나고 보면 희미한 자취를 남기고 사라진다. 그러나 사람과의 만남은 오래도록 기억에 남는다. 버클리에서 첫 해는 학부 기숙사에 있었지만 그 후 2년 동안은 학생들이 자체로 운영하는 코업하우스(co-op house)에서 살았다. 비용이 적게 들었지만 대신 일주일에 다섯 시간 정도 식사 준비, 청소, 그 밖의 집안일을 했다. 어느 집은 주말마다 댄스파티가 열리고 어느 집은 마약 소굴처럼 변해 좋은 환경은 아니었다. 다행히 내가 살던 곳은 마약 문제가 없는 킹맨 홀이라는 4층짜리 예쁜 집이었다. 나는 어린 학생들과 함께 살며 그들의 인생 문제를 조언하는 멘토가 되었다.

아침은 베이글과 시리얼로 대충 먹고 점심은 다시 집에 돌아와 간단하게 만들어 먹거나 학교 주변의 식당에서 해결했다. 저녁은 같은 집에 사는 애들이 준비한 저녁을 10여 명이 함께 먹었다. 참으로 다양한 인종과 국적, 문화 배경과 집안 환경을 가진 학생들이었다. 하우스 매니저인 레바, 머리에 신사 모자를 쓰고 항상 시를 읊고 다녔던 멕시코계 학생, 친절했던 곱슬머리 킹, 나를 무척이나 따랐던 눈이 큰 여학생, 영국신사같이 머리 숙여 인사하던 학생(그는 다른 애들보다 나이가 많았는데 체스게임에서 한번 나에게 진 후로 나를 존경해주었다), 자폐증상을 보이던 존, 정숙해 보였지만 방에는 온갖 섹스 도구가 가득했던 금발의 예쁜 여학생, 일본계 학생, 수줍어하던 나의 룸메이트, 유태인 여자 친구를 사귀어 부모님과 충돌이 심했던 아랍계 미국 학생 그리고 중동에서 온 두 명의 학생들. 그 중 한 명은 졸업하고 GM에 취직했는데 후에 놀러 와서 미국은 약자의 피를 먹는 나라라고 열변을 토했다.

　나는 그들과 살면서 그들의 문화와 사고체계, 나아가 그들 자체를 아무 편견 없이 받아들이는 법을 배웠다. 특별히 여학생들과 함께 샤워실과 화장실, 심지어는 방까지 같이 써야 하는 상황에 처음에는 심히 당황했지만 점점 그들을 다른 성(sex)이 아닌 다른 사람(person)으로 보게 되었다. 하나님이 지으신 남성과 다른 인간인 여성에 대해 자연스럽게 느끼고 대하는 법과 편견 없이 사람을 사귀는 법을 배운 것이 인생에서 좋은 친구들을 만드는 데 큰 도움이 되었다.

　미국 대학생들은 철이 없어 보여도 자신들의 인생 계획은 참으로 철저하게 짜고 살았다. 자기의 경제력과 시간을 따져서 졸업하는 데 얼마의 시간과 돈이 드는지 구체적인 계획을 세우고 공부를 했다. 이에 비하면 우리나라 대학생들은 상당히 부모의존적이다. 전공을 정하는 것까지 부모의 의견에 좌지우지 된다. 막연히 좋은 대학에 들어가서 졸업하고 나면 또 좋은 대기업에 들어가려니 생각하는 것 같다. 자기 인생은 자기 것이지 부모의 것을 살아주는 게 아니다. 아무리 좋은 학교를 다니고 좋은 직업을 가졌어도 스스로 택한 길이 아니면 재미 없고 의미도 없다.

　내 방은 가장 낮은 층에 있었다. 침대 두 개와 책상 둘을 놓으면 꽉 차는 작은 방이었다. 하지만 창밖으로는 예쁜 나무들이 보였다. 바로 위는 살롱과 같은 사교 공간이었다.

매주 금요일 저녁이면 광란의 파티가 열렸다. 시끄러운 록 뮤직에 코를 찌르는 맥주 냄새가 집안에 가득 찼다. 보통 새벽 두세 시까지 파티가 계속 됐는데 참다못한 이웃 주민들의 신고로 경찰이 오고 나서야 겨우 파티가 끝났다. 나는 유니버시티 애비뉴에 있는 영화관에 가서 심야 영화를 보거나 다른 친구 집으로 피신했다가 파티가 끝날 때쯤 돌아왔다. 아직도 시끄러운 음악과 춤에 자신을 내던지는 그들의 파티 문화를 좋아하지는 않는다.

하기야 한국 대학생들도 술을 얼마나 많이 마시는가. 내가 학교 다닐 때 신림동 주변에 술에 취해 머리를 박고 토하거나 너부러져 있는 애들이 많았다. 처음에는 그런 학생들을 보며 얼마나 인생을 낭비하는가 싶어서 못마땅했지만 지금은 그들의 불안과 허무함을 이해한다. 하지만 술과 댄스와 파티, 마약과 여자가 공허함을 메워주지 않는다. 잠깐 잊을 수는 있을지 모르지만 깨고 나면 수십 배 더욱 공허할 것이다. 하나님을 만나기 전까지 우리 영혼의 빈 공간을 채울 진정한 기쁨과 평안은 없다던 성 어거스틴의 고백이 맞다.

6. 수학의 아름다움

가메시가 말했다. "…난 내가 왜 이런 수학을 배워야 하는지 모르겠어."
"왜냐하면 쓸모가 있으니까." 훔바바가 다시 말했다.
"내 생각에 그건 진짜 이유가 아니야." 나부가 조용히 말했다. "수학은 진리와 아름다움에 관한 공부야. 해답을 찾고 그 해답이 옳다는 것을 증명하는 공부야."
_「아름다움은 왜 진리인가」, 이언 스튜어트

캐슨 교수

코스워크를 마치고 지도교수가 정해졌다. 내 지도교수는 캐슨(Casson)이었다. 그는 박사학위가 없었다. 공부를 못해서가 아니라 너무 잘해 케임브리지에서 박사 과정을 마치기도 전에 교수가 되었다. 그는 후에 미국에 건너와 버클리대 교수가 되었다. 그는 학생들에게 철저하게 혼자 공부해서 수학자가 될 것을 요구했다.

자격고사를 마치고 그의 연구실을 찾아갔다.

"자네는 왜 박사학위를 얻으려 하나? 내 생각에는 사람들이 적당히 논문을 써서 나중에 어디다가 팔아먹으려고 하는 거 같아. 내 밑에서 공부하고 싶다면 그런 생각은 버려야 할 걸세. 학자란 스스로 학문의 기반을 다져가는 사람이라네. 미리 말하지만 나는 어떤 아이디어도 줄 수 없네. 아무것도 도와주지 않는다는 말일세."

그 말을 듣고 실제로 그 교수 곁을 떠난 학생도 몇 명 있었다. 하지만 나는 그 교수가 멋있었다. 도와주지 않아도 좋다는 생각으로 그의 밑에 남았다.

그에게는 논문이 열 편 정도 있었는데 그 중 몇 편은 자기 손으로 쓴 것이 아니라 수업 시간에 학생들이 받아 적은 노트를 출간한 것이었다. 그는 캐슨 불변량(Casson invariant)이란 것을 정의해 일약 수학계의 스타가 된 인물이다. 하지만 내가 캐슨 불변량에 대해 물었을 때 그는 모른다고 했다. 종종 학회 때 다른 연사가 어느 정리(Theorem)를 캐슨이 증명한 것이라고 말하면 정작 당사자는 그런 걸 자기가 했었느냐며 기억하지 못했다. 그는 자신의 업적에 연연해하는 학자가 아니었다.

캐슨 교수는 자기가 몇 년 동안 생각해본 문제가 있는데 전혀 해결점이 보이지 않으니 나에게 풀어보라고 주었다. 대학자가 못 푼 문제를 박사 과정을 막 시작하는 학생에게 주는 게 너무 무리한 요구 같았다. 그의 의도는 분명했다. 진정한 수학자는 문제의 난이도에 관계없이 도전해야 한다는 것이다. 설령 실패한다 하더라도 그로부터 다른 많은 것을 배울 수 있음을 가르쳐주고 싶었던 것이다.

2년 간 나는 이 문제를 가지고 씨름하느라 긴 어둠의 동굴을 헤맸다. 어떤 식으로 이 문제를 해결해야 할지 전혀 감이 잡히지 않았다. 이것저것 내가 알고 있는 모든 방법을 동원해보았으나 시작도 못했다. 결국 그 문제는 몇 년 후 스탠포드에 있는 교수가 먼저 풀어버리고 말았다. 나는 스스로 문제를 찾아 논문을 써야 했다.

박사 과정 3년 차인 어느 따스한 봄날이었다. 나는 버클리 마리나 잔디 위에 누워 바닷가를 거니는 가족들과 연인들, 아이들의 웃음소리를 들으며 어떤 수학 논문을 읽고 있었다. 그 논문에는 일반적으로 음곡률다양체가 측지선들의 길이로 결정될 거라는 가설이 실려 있었다. 이 가설은 2차원에서만 해결되었다. 쉽게 말해 음곡률다양체 안에 있는 측지선들이 다양체를 대부분 채우고 있으므로 특히 부피가 무한대인 쌍곡 3차원에서는 그들의 길이만 알면 다양체가 결정될 거라는 가설이었다.

"이게 사실일까?"

문득 이 문제를 규명하고 싶다는 생각이 들었다. 주위의 다른 학생들과 지도교수인 캐슨에게 질문을 했지만 아무도 이 문제에 대한 답을 알고 있는 사람은 없었다. 이 문제가 음곡률다양체를 연구하는 사람들에게는 꽤 알려져 있는 오래된 가설 중의 하나라는 것을 처음 알았다.

나는 이 문제를 가지고 박사 논문을 쓰기로 하고 문제에 몰입했다. 밥을 먹으면서도 길을 걸으면서도 문제를 풀었다.

"풀렸다!"

감격에 차서 눈을 떠보니 천정이 보였다. 꿈속에서 푼 것이었다. 일어나 샤워를 하면서 곰곰 생각하면 논리의 결함이 발견되었다. 허탈해 힘이 빠졌다. 그러나 충분한 에너지가 축적이 되자 어느 순간 매듭이 확 풀렸다. 교차비가 측지선의 길이들로 결정되고 그를 이용해 정확한 공식을 도출해냈다. "Geometric structures on manifolds and the Marked length spectrum"(다양체상의 기하구조와 길이 스펙트럼)으로 나는 박사학위를 받았다. 이 논문은 수학계에서 좋은 평가를 받았다. 덕분에 처음으로 스위스에서 열린 학회에 초청을 받았고 프랑스 학회에서는 강의도 했다. 이를 계기로 프랑스의 유명한 학자 제라드(Gérard)와 프랑스와즈(Francoise)를 알게 되었다.

수학 문제 하나를 해결하는 데 평균 2-3년이 걸렸다. 최근에 해결한 서스턴의 가설 중 하나는 3-4년이 걸린 것 같다. 1970년대에 서스턴 교수가 내세운 네 개의 큰 문제가 있었다. 그 중 한 문제가 우연히 해결의 실마리가 보였다. 실패에 실패를 거듭하길 몇 번, 드디어 그 문제를 해결한 것이다. 벽에 부딪치면 물러났다가 다시 다른 곳을 공략했다.

수학자에게는 참으로 많은 인내가 필요하다. 누구도 도와주지 않는 외로운 길이다. 실험을 하지 않아 육체는 편할지 몰라도 길을 가며 운전을 하며 장을 보며 산책을 하면서도 머릿속에는 끊임없이 해결해야 하는 수학 문제들이 꽉 차 있다. 한번은 대전에서 서울까지 운전을 하며 몇 페이지나 되는 계산과 논리를 머릿속으로 정리해 문제를 해결하기도 했다. 운전을 하면서 그 복잡한 논리를 풀어낼 수 있음에 나 자신도 깜짝 놀랐다. 아마도 문제를 해결해서 빨리 자유롭고 싶었던 욕망이 나를 그렇게 몰아갔던 것 같다.

버클리에서의 공부는 혹독한 지적 훈련 기간이었다. 캐슨 교수는 내가 문제를 풀다가 어디엔가 막혀 있으면 내가 말하는 풀이 방법을 가만히 듣다가 틀린 데를 지적해주었다. 경쟁심도 많고 시기심도 많은 수학자들 세계에서 그는 진짜 선비였다.

괴짜 수학자들

수학자들 가운데는 괴짜들이 즐비하다. 100년 만에 푸앵카레의 추측을 해결한 페렐만(Grigori Perelman)도 그 중 하나다. 수학의 노벨상이라 불리는 필즈상을 받게 되었지만 그는 이를 깨끗이 거절하고 상트페테르부르크의 허름한 아파트에서 어머니와 함께 산다.

자신이 풀어낸 증명을 수학 학술지에 출판만 하면 클레이 수학연구소에서 밀레니엄 문제를 푼 수학자에게 지급하는 100만 달러를 손에 쥘 수도 있지만 그것도 무시했다. 그는 자신의 논문을 그저 인터넷에 올려놓고 세상 사람들의 관심 밖으로 사라져버렸다.

버클리에서 내가 만난 수학자들 가운데는 그들 못지않게 독특한 사람들이 있었다. 3차원 다양체에서 Geometrization conjecture(3차원 다양체를 잘게 쪼갠 각각의 조각들이 기하구조를 갖는다는 가설)로 중요한 업적을 남긴 윌리엄 서스턴은 버클리 대학원 출신이다. 그는 28세에 프린스턴의 정교수가 되었다. 내가 박사 과정 1학년 때 다시 버클리로 왔다. 그가 강의한 프린스턴 강의록을 이해하는 데 나는 꼬박 2년이 걸렸다. 그는 플로리다 주 뉴 칼리지라는 작은 시골 대학을 다녔다. 그의 성적은 어느 학기는 모두 A인가 하면 어느 학기는 모두 C, D로 깔았다고 한다. 그가 버클리 대학원에 원서를 냈을 때 교수들은 고민했다. 그가 공부를 잘하는지 못하는지 성적으로 판단하기 힘들었기 때문이다. 그를 추천한 교수는 이렇게 썼다고 한다. "내가 살펴본 바 이 학생은 보통이 아닌 듯합니다. 공부를 잘한다 못한다 말하기 힘들지만 아무래도 천재의 부류에 속하는 인물로 사려됩니다."

버클리대는 그의 추천서를 믿고 모험을 했다. 그를 입학시키기로 결정했다. 그는 대학원생이 된 지 얼마 안 되어 포리에이션

(Foliation, 저미가) 분야의 난제들을 다 풀어버렸다. 그는 남이 보지 못하는 그림을 볼 수 있는 풍부한 상상력을 가지고 있었다.

지금은 시카고 대학의 유명한 교수로 있는 그의 제자 중 한 명이 2년 동안 머리를 싸매고 고민한 주제를 그에게 말했더니 그는 잠시 먼 산을 바라보다가 곧 어떻게 풀어야 되는지 말했다고 한다. 그런 천재 앞에서 좌절감과 무능함, 초라함을 느끼지 않을 사람이 과연 있을까? 그는 강의 준비를 거의 하지 않고 들어오는 듯했다. 처음 몇 분간은 알아들을 수 있는 말을 하다가 어느 순간부터 자신만의 세계에서 보이는 그림을 우리에게 설명했다. 나는 한마디도 알아들을 수 없는 것이었다. 그는 1983년에 필즈상을 받았다. 그러나 그가 쌓은 업적의 대부분은 아직도 출판되지 않은 견본 인쇄본으로 남아 있다.

파리 연구소에서 자주 만나는 미하일 그로모프 교수는 독설가로 유명하다. 그는 현대 기하학에서 가장 큰 업적을 남긴 살아 있는 전설 같은 수학자다. 기하군론(군론을 기하적으로 연구하는 분야, Geometric group theory), 사교 및 홀로몰픽 기하(짝수차원의 기하공간에서 사교 및 홀로몰픽 구조를 연구하는 분야, Symplectic, Holomorphic geometry), 편미분 방정식론(편미분방정식으로 정의되는 여러 현상을 연구하는 분야, Partial differential equation) 등 그가 남긴 발자취는 수학사에 영원히 남을 것이다. 톨스토이처럼 머리가 반쯤 벗겨지고 턱수염을 덥수룩하게 기른 그는 나에게 무척 친절하다. 언젠가 우리 아들 건우를 데리고 제네바의 학회에 갔을 때였다. 호텔 식당에 내려갔는데 그가 젊은 애인과 함께 식사를 하고 있었다. 그는 나를 보자 반갑게 인사를 하며 건우의 머리를 쓰다듬어주었다.

하지만 그가 언제나 친절한 건 아니다. 어느 학회에서의 일이다. 상당히 유명한 어떤 교수의 강의가 시작되었다. 그가 자신이 증명하려는 정리를 칠판에 쓰자 그로모프 교수는 그 정리는 이렇게 증명하면 된다고 큰 소리로 말했다. 그리고 너무 시시하니 강의하지 말라고 했다. 발표를 하려던 교수는 얼굴이 벌게져서 어쩔 줄 몰라 했다. 하지만 그도 용기가 있었다.

"그로모프 교수, 당신에게는 이것이 시시해도 여기 있는 대부분의 청중들에게는 그렇지 않으니 강의를 계속하겠습니다."

그로모프 교수는 그 자리에서 나가버렸다.

그는 미국에 몇 달씩 체류한다. 스토니브룩에서 돌아와서 그가 한 독설도 유명하다.

"파리의 개가 그곳의 교수들보다 똑똑하더군."

쇼펜하우어의 말이 생각난다.

"겸손은 평범한 사람에게나 어울리는 말이다. 천재에게 겸손은 위선이다."

또 다른 괴짜이며 필즈상 수상자인 스메일(Steve Smale) 교수도 있었다. 그는 동역학계(기하공간에서의 점의 운동을 연구하는 분야. Dynamical system) 등에서 중요한 업적을 남긴 학자다. 그가 필즈메달을 받은 건 높은 차원에서의 푸앵카레 정리를 통해서다. 최근에 러시아의 수학자 페렐만이 3차원의 푸앵카레 추측을 풀었는데 5차원 이상의 푸앵카레 추측을 스메일이 푼 것이다. 버클리 수학과의 존 스톨링스(John Stallings) 교수도 사실은 높은 차원에서의 푸앵카레 추측을 풀었지만 스메일이 며칠 일찍 풀었다고 한다. 여기에도 논란이 있다. 수학자의 세계에서는 며칠, 몇 시간 차이로 경쟁자가 먼저 문제를 풀어 상을 빼앗기는 일이 많다.

스메일은 1960년대에는 반전주의자이자 히피족이었는데 푸앵카레 추측을 브라질 어느 해변에서 풀었다고 한다. 나라에서 지급하는 연구비를 가지고 브라질로 가서 낮에는 해변에서 놀면서, 밤에는 격렬한 살사 춤을 추면서 문제를 풀었다나. 사실 수학과 같이 창조성이 필요한 학문은 컴컴한 연구실에 처박혀 있다고 문제가 잘 풀리는 것은 아니다. 그는 버클리에 있을 때에도 여름이면 자신의 보트를 타고 남태평양으로 크루즈 여행을 떠나곤 했다. 지금은 홍콩의 어느 대학교에서 가르치며 월급을 아주 많이 받는다고 들었다.

서지 랭(Serge Lang) 예일 대학 교수는 여름마다 버클리 대학 수학과를 방문했다. 어느 날 누군가 큰 소리를 지르며 싸우는 소리가 들렸다. 건물이 쩌렁쩌렁 울렸다. 나가보았더니 랭 교수가 다른 교수와 수학 토론을 하는 소리였다.

매듭이론(Knot theory)과 조합론(Combinatorics)으로 유명한 프린스턴 대학의 콘웨이(Conway) 교수도 목소리가 큰 괴짜다. 그도 토론할 때는 상당히 공격적이라 모르는 사람이 보면 꼭 싸우는 것 같았다. 프린스턴 대학에 연구차 1년 동안 가 있을 때 그를 만난 적이 있다. 그의 연구실 문에는 "누구든지 환영"한다고 써 있고 항상 방문이 열려 있었다. 온갖 이상한 도형들의 모형으로 가득 차 있는 방 안에는 컴퓨터가 놓여 있었다. 컴퓨터 화면에는 누구든지 로그인 하라고 자막이 흘렀다. 나는 호기심이 발동해 로그인을 시도했다. 컴퓨터는 1분 동안 그가 제시하는 문제를 모두 맞춰야 로그인이 되었다. 문제는 "1945년 12월 2일은 무슨 요일인가" 등 1분 안에 해결하기에는 빡빡한 것들이었다. 그는 매일 아침 같은 카페에서 커피를 마시며 꼭 〈뉴욕 타임스〉를 읽었다.

네덜란드의 어느 교수는 수학에만 몰두하면 다른 일은 다 잊어버린다. 하루는 강의 준비를 하면서 수학 문제를 생각하다가 시간이 되어 넥타이를 매고 강의실로 들어갔다. 바지와 겉옷은 걸치지 않은 채.

프린스턴 대학에서

유학 3년 차 때였다. 지도교수인 캐슨을 따라 프린스턴 대학으로 갔다. 그가 프린스턴에서 3차원 다양체를 강의하기로 했기 때문이다. 캐슨 교수 밑에 있는 제자들이 몇 명 따라갔다. 나도 미국 친구와 함께 차에 짐을 싣고 일주일 동안 운전을 해서 대륙을 횡단했다. 아름다운 요세미티 국립공원과 네바다의 신비한 사막, 중부의 지루할 정도로 펼쳐지는 옥수수 밭 그리고 수많은 작은 마을들을 지났다.

프린스턴에 도착했을 때는 깜깜한 밤이었다. 수학과 건물에서 처음 만난 학생이 피터였다. 그는 4차원 다양체를 공부하는 학생이었는데 컴퓨터 앞에 앉아 앞뒤로 끊임없이 몸을 움직이며 무엇인가 열심히 계산을 하고 있었다. 그는 우리를 보고 반갑게 인사를 했다. 우리가 버클리에서 온 학생이라고 했더니 흔쾌히 하룻밤을 자기 아파트에서 재워주었다. 피터와 같이 살던 여자 친구는 물리과 학생이었다.

그녀는 내가 한국 사람인 걸 알자 자기 과에 한국 여학생이 있었다고 했다. 듣고보니 그 여학생은 우리 때 학력고사에서 전국 수석을 한 학생이었다. 그녀는 미국으로 유학을 와 프린스턴 물리학과 박사 과정에 입학했으나 1년 후에 우울증과 심한 불안상태를 보이며 자취를 감췄다고 한다. 추측건대 자신의 뜻대로 공부가 되지 않자 좌절한 것 같았다.

그녀가 수석을 차지했을 때 온 미디어가 그녀를 치켜세웠다. 그러나 학문의 세계와 학력고사를 보는 것은 전혀 다른 일이었을 것이다. 아마도 주위의 관심과 기대에 부응하지 못하는 자신을 보며 자신감을 잃었고 서서히 무너져버리지 않았나 싶었다. 안타까웠다. 화려하지 않더라도 능력이 닿는 대로 차근차근 자신만의 학문 세계를 만들어갔으면 얼마나 좋았을까.

이 사회가 너무 과장된 기대치로 그녀를 짓눌러 연약한 영혼이 거기서 헤어나지 못했던 것이다. 경쟁에 초점을 맞춘 사회가 우등생을 어떻게 좌절케 하는지 알 것 같았다. 그 여학생이 어디 있든지 부디 행복하길 기도했다. 피터는 후에 컬럼비아 대학의 유명한 교수가 되었다.

우리는 살 집을 구하지 못해 빈 강의실에서 일주일을 지냈다. 다행히 학교 근처 한 가정집에 방을 구할 수 있어서 딱딱한 책상에서 자는 것을 면할 수 있었다. 그 집 주인은 부유한 의사였다. 세 딸들이 프린스턴 대학 근처 유명한 고등학교에 다니고 있는데 부모는 딸들을 위해 학교 근처에 집을 사서 주었다고 한다. 그 집에 세를 든 우리는 어린 소녀들을 돌보며 수학을 가르치고 인생

상담도 해주며 6개월 동안 살았다. 덕분에 미국의 부유한 의사 집은 어떻게 사는지 어렴풋하게 볼 수 있었다.

버클리 대학이 자유분방하다면 프린스턴 대학은 귀족적인 분위기가 났다. 주변에 극장도 없어서 영화 하나를 보려면 30-40분을 운전해서 나가야 했다. 버클리가 학생들을 많이 뽑아서 차차 줄여가는 데 비해 프린스턴은 소수를 뽑았다. 미국 전역에서 최고로 우수한 학생들이 모였다. 수학과의 콘웨이 교수 방 컴퓨터로 그인 문제 열 개를 교수가 지정한 1분이 아닌 단 30초 만에 풀고 들어가는 학생을 나는 보았다.

프린스턴에는 저명한 학자들이 많았다. 페르마의 정리를 증명한 앤드류 와일즈(Andrew Wiles)는 주말에도 어김없이 연구실에 나왔다. 그는 필즈상 연령 제한인 40세가 살짝 넘은 41세여서 아깝게 상을 받지 못했다. 영화 〈뷰티플 마인드〉의 실제 인물인 존 내쉬(John Nash)는 유령처럼 도서관을 어슬렁거렸다. 수학자로서는 이례적으로 노벨경제학상을 받은 그는 정신병을 앓고 있었다. 프린스턴 대학 측은 그의 평생 의식주를 해결해주었다.

학문적으로는 대가들이었지만 대부분의 교수들이 공격적이었다. 나는 학문의 세계가 이런 적극성과 공격성을 띠어야 성공할 수 있는 경쟁의 장임을 눈치 채기 시작했다. 그러나 나는 지적호기심에만 너무 이끌리거나 아니면 문제를 경쟁적으로 해결하고 자신을 동료들에게 알리는 일에 에너지를 지나치게 소비하는 것을 경계했다. 참다운 학문, 즉 하나님이 이 우주와 인간 이성에 숨겨놓으신 보편적인 창조와 운행의 비밀을 하나씩 발견하는 신비의 즐거움에 초점을 두려고 노력했다.

사랑의 공동체

우연히 캠퍼스 모퉁이에 붙어 있는 성경공부 광고를 보고 IVF를 찾아갔다. 7개국에서 온 학생들이 모였다. 미국, 소련, 네덜란드, 중국, 헝가리, 웨일즈 그리고 한국이었다. 미국식 영어와 동구권 영어, 아시아식 영어로 서로 대화를 했다. 하나님이 공통된 주제여서 그런지 소통은 잘 되었다. 웨일즈에서 온 형제와 기도할 때면 그의 강한 악센트 때문에 도저히 무슨 말을 하는지 알아듣기 힘들어 아멘으로 화답하기 어려운 것을 빼놓고는.

그곳에서 만났던 헹크는 후에 케임브리지에 있는 연구소에서 일하며 교회에 봉사하며 살았다. 키가 190센티미터가 넘어 그와 서 있으면 내가 너무 작아 보였다. 그는 피아노를 잘 쳤다. 그의 아버지는 교수였는데 아들에게 수학적인 재능이 부족하니 수학만큼은 하지 말라고 하셨단다. 그는 물리를 전공해 프린스턴에서 학위를 받고 내가 있는 버클리에 와서 포스트 닥터를 했다.

몇 년 전 케임브리지에서 열린 학회에 갔을 때 그의 집에 머물며 삶과 신앙에 관해 얘기를 나누었다. 그가 다니는 교회에 가서 예배도 드리고 그의 여자 친구 문제를 놓고 같이 고민하기도 했다. 내가 파리에 있을 땐 우리 가족이 머물고 있는 곳에 찾아와 며칠 동안 함께 지내며 우리 아들의 좋은 친구가 되었다. 건우는 그를 헹크 아저씨(ton ton Henk)라고 부른다. 2009년 본에서 다시 만났을 때 그는 머리가 하얗게 세 있었다. 그는 이 세상이 개인에게 얼마나 악마적일 수 있는지 자신이 겪은 일을 들려주었다. 고분고분하지 않고 회사 방침에 무조건 순종하지 않는다는 이유로 직장상사들이 그를 회사에서 쫓아내려고 2년 동안 괴롭혔다고 한다. 마음고생에 머리가 하얗게 센 그는 결국 회사를 그만두고 지금은 노르웨이 한 대학의 교수로 있다.

프린스턴에서 맞은 그해 겨울은 내가 겪은 최고로 추운 겨울이었다. 10년 만에 내린 엄청난 눈 때문에 며칠 동안 집에 갇혀 있어야 했다. 네덜란드에서 프린스턴 대학으로 포스트 닥터 과정을 밟으러 온 피터가 우리 집에 와주었다. 그는 나와 같이 마켓에서 장도 보고 우리 집에서 밥도 먹으며 좋은 친구가 되었다. 지금은 독일 연구소에 있다.

그들을 따라 미국 교회에도 출석하게 되었다. 처음에는 성공회에 가보았는데 가톨릭 성당에서 보는 미사 같은 예배가 낯설었다. 다음에는 피부가 검은 아프리카계 미국인들이 대부분인 장로교회에 갔다. 특유의 웃음과 사랑과 예배 분위기가 마음에 들었다. 하지만 내가 어울릴 수 있는 젊은이가 없어 그만 학교 앞에 있는 교회로 발길을 돌려야 했다.

학교 앞 교회의 목사님은 프린스턴 신학교 교수였고 대부분의 출석교인들이 변호사 또는 의사였다. 목사님의 설교는 지적호기심을 채워주기에 충분했다. 잘 준비된 설교는 고급스럽고 정돈이 잘 되어 있으며 논리와 풍부한 지식과 세련된 인용으로 흠잡을 데가 없었다. 하지만 그의 설교에서 나는 복음의 능력을 경험하기 힘들었다. 예배 후 성도들은 교제를 나누며 주말에 스위스로 스키 타러 가는 얘기, 남미로 여행가는 얘기 등을 나누었다. 나와는 동떨어진 화제였다. 하지만 부자들의 교회를 한번 경험하는 것도 나쁘지는 않았다. 그들의 관심과 영적상태에 대해 짐작할 수 있었으니까. 나는 결국 IVF 형제들이 다니는 미국 교회에 정착했다.

그곳 교회 성경공부반에서 만난 유진이란 프린스턴 대학 역사학과 교수가 있다. 그는 영국 케임브리지 대학을 나왔는데 인도식 악센트를 지닌 독특한 영어를 구사했다. 우리는 캠퍼스에서 기독교는 무엇을 의미하고 그리스도인 교수와 학생들은 어떻게 살아야 하는지 자주 토론했다. 당시 대학 캠퍼스에서는 기독교에 대한 어떤 핍박이 있는 것이 아니라 오히려 기독교에 대해 무관심한 것이 더욱 문제가 되었다. 사람들은 기독교를 그저 여러 종교집단 중의 하나로 혹은 상대적인 여러 가치 중의 하나로 여겼다. 이런 평가로 인해 그리스도인다운 삶이 얼마나 가치 있는지 알리는 것이 더욱 어려웠다.

때마침 교회 내에서 동성애에 대한 상반된 입장들이 큰 이슈로 떠올랐다. 동성애뿐만 아니라 낙태, 이혼과 같은 민감한 문제에 교회가 하나님의 기준을 선포하지 못하고 오히려 수동적으로 세상의 문화에 유합되는 경향이 강하게 드러나는 것에 우려를 표했다. 우리는 이런 상황을 어떻게 극복하고 침노하는 그리스도인으로 살 것인가 고민했다. 확실하게 결론은 못 내렸지만 그리스도인이란 단지 이름뿐인 '명사'가 아니라 하나님의 법대로 살아가는 '동사'가 되어야 한다는 데 의견을 같이했다.

캐슨 교수는 프린스턴이 마음에 안 든다고 했다. 우리는 다시 버클리로 돌아왔다. 돌아올 때는 그곳 교회에서 만난 미국 신학생과 함께 대륙을 횡단했다. 이번에는 미국 남부로 행로를 정했다. 그곳은 지금까지 내가 봐왔던 미국과는 다른 세상 같았다. 미시시피 주의 가난한 마을들을 지나쳐 갔다. 남부의 흑인들은 말끝마다 우리에게 존대말(sir)을 붙였다. 작은 마을에서 만난 한 백인은 이곳에는 오직 도박과 여자와 술, 이 세 가지밖에는 없다고 한탄했다. 그 마을들은 미국에 존재하는 가난과 인종문제와 타락을 그대로 보여주고 있었다. 미국의 광활한 영토를 두 번이나 횡단하며 느낀 것이 있다. 풍요로운 자연과 비옥한 땅이라는 하나님의 선물은 솔직히 부러웠다. 그러나 어디로 가든 똑같은 맥도널드와 싸구려 체인 모텔들을 보며 유럽과는 달리 깊지 못하고 다양하지 못한 미국의 문화와 역사가 주는 빈곤함을 맛보았다.

가을이면 단풍으로 물들던 아름다운 캠퍼스, 겨울이면 하얀 눈으로 뒤덮인 강과 내 방 창가로 보이던 아름드리나무, 그 위에 피었던 눈꽃들, 봄과 여름엔 혼자 찾았던 숲속의 조용한 냇가. 영화 〈IQ〉를 찍으며 나에게 손짓하고 웃어주던 맥 라이언의 귀여운 모습. 아인슈타인의 집과 가끔씩 갔던 트렌톤의 작은 영화관들. 매주 몇 번씩 티룸에서 나와 함께 서스턴의 강의록을 같이 읽고 쌍곡기하(Hyperbolic geometry)에 대해 토론했던 친절한 린다. 나는 프린스턴에서 수학과 씨름하며 때로는 좌절하고 때로는 희열을 맛보며 1년을 지냈다. 믿음의 형제들은 어느 곳에 있든지 내게 힘이 되어주었다. 같이 밥 먹고 위로하고 격려하며 진정한 그리스도의 형제애를 맛보았다.

하나님 안에서 만난 사람들과의 아름다운 교제가 떠오를 때마다 겹치는 안타까운 기억도 있다. 대학 기숙사에 들어가기 전에 한 달 정도 한 중국인 부부의 집에서 월세를 산 적이 있었다. 포스트 닥터를 하러 중국에서 온 부부였다. 내 방 전화기에 자동응답기를 설치했는데 어느 날인가 집주인 아내가 누군가와 통화하는 내용이 녹음된 적이 있었다. 이 사실을 안 중국인 부부가 내 방에 들어와 다짜고짜 전화기를 부수었다. 전화벨이 울리고 응답을 늦게 하면 자동응답기가 작동하고 그 후에는 통화 내용이 녹음이 된다고 아무리 설명을 해도 막무가내였다.

문화혁명 이후 감시와 통제 하에 살던 중국인들이 얼마나 상대방을 신뢰하지 못하는지 보는 것 같아 마음이 답답했다. 아무도 믿을 수 없는 사회는 공동묘지에서 홀로 사는 것과 같다. 캄캄한 곳에서 무엇이 튀어나올지 모르는 두려움의 사회다. 나 이외에는 유령처럼 말을 걸 수도, 사랑을 전할 수도, 믿음을 줄 수도 없는 사회는 공동체가 아니다. 하나님의 나라는 믿음의 공동체 안에 있다.

본회퍼의 책 「말씀 아래 더불어 사는 삶」(Life together)에 나온 구절들을 떠올렸다.

> "형제가 함께 한마음으로 사는 것이 얼마나 선하고 얼마나 보기 좋은가!"(시 133:1) 말씀 아래 더불어 사는 삶에 대해 성경이 감탄하는 소리를 들어보십시오. 그리고 이제 우리는 '한마음으

로'라는 말의 정확한 의미를 이해하고 있기에 "형제가 그리스 도로 말미암아 한마음으로 사는 것"이라고 비로소 풀어 말할 수 있게 되었습니다. 예수 그리스도만이 우리를 하나 되게 하시기 때문입니다.

"그리스도는 우리의 화평이십니다"(엡 2:14). 오직 예수 그리스도로 말미암아 우리는 서로에게 이르게 되었고, 오직 그로 말미암아 서로를 인하여 기뻐하게 되었고, 오직 그로 말미암아 서로와 공동체로 맺어졌습니다. 오직 그로 말미암아.

_「말씀 아래 더불어 사는 삶」 (디트리히 본회퍼, 빌리브, p.59)

프린스턴을 생각하면 그곳에서 만났던 믿음의 형제들 헹크, 브라이언, 폴, 마티아스가 먼저 떠오른다. 주님 안에서 이루어진 사랑의 공동체는 세상에 있는 천국의 모형이다. 지금도 그들이 사는 지역으로 출장을 갈 때면 그들의 집에 머문다.

수학의 매력

가끔 수학자들이 예술가나 철학자와 같다는 생각을 한다. 수학자는 창조력과 인내가 필요하고 자신의 창조품을 사람들에게 알기 쉽게 표현해야 한다는 점에서 그렇다. 또 한 가지 공통점이 있다면 아무리 설명을 해도 일반 사람들이 잘 이해하지 못한다는 것? 농담이다.

내가 생각하는 수학의 매력은 자유롭다는 데 있다. 어떤 사람은 이 말에 펄쩍 뛸 것이다. 수학. 생각만 해도 골치가 지끈거리고 숨이 막히는데 무슨 자유냐고. 아마도 그분들은 수학을 재미있게 공부해본 경험이 없어서 그런 말을 할 것이다. 우리나라에서 고등학교를 나온 사람들이 필수로 사는 수학 참고서가 있다. 책 이름을 밝힐 수는 없지만 풀었다는 사람보다는 베고 잤다는 사람이 더 많은 책이다. 입시가 끝나면 아파트 재활용 코너 앞에 몇 페이지만 까맣고 그 뒤로는 거의 손도 안 댄 채 버려지는 그 책. 어떤 만화에서 불면증을 앓는 사람 앞에 천정에서 줄로 맨 그 책이 살랑살랑 내려오자 즉각 눈꺼풀이 덮이면서 잠이 드는 장면을 본 적이 있다. 입시 위주의 수학공부를 해야 하는 우리나라 수학 교육의 비극이기도 하다.

그러나 진짜로 공부해보면 수학이 정신적으로나 육체적으로 얼마나 자유로운 학문인지 알게 된다. 다른 사람의 도움도 필요 없고 실험실도 필요 없고 요즘 일상에 꼭 있어야 하는 컴퓨터조차도 필요 없다. 장소도 제약이 없다. 걸으면서 밥을 먹으면서 심지어 달리는 차 안에서도 수학을 할 수 있다. 수학자들과 함께 차를 타고 가면 가끔 재미있는 일이 벌어진다. 정수론 전공자들은 운전을 하다가도 무의식적으로 앞차의 번호를 외우거나 그 번호를 조합한다.

"음… 저 수를 다 곱하면 소수의 제곱이고 더하면 완전수의 제곱이 되네."

위상수학사에 큰 업적을 남긴 빙(R. H. Bing)이란 수학자가 있다. 그는 미국수학협회, 미국수학회 회장을 지냈다. 그리고 수학계에선 보기 드문 교회 장로였다. 그가 비바람 불고 캄캄한 밤에 수학자 몇 명을 태우고 갈 때 있었던 재미있는 에피소드가 전해진다. 빙 교수는 운전을 하면서 어떤 수학 정리를 동행자들에게 설명하고 있었다고 한다. 그의 열강 때문에 차창은 김이 서려 앞이 안 보였다. 밖에는 진눈깨비가 내리고 도로는 얼음으로 뒤덮여 있었다. 조심조심 운전을 해도 모자랄 판이었다.

승객들은 공포에 질려 식은땀을 흘렸다. 마침 빙 교수가 유리창의 김을 닦으려는 듯 허리를 숙이자 승객들은 안심했다. 그러나 빙 교수는 한 손으로는 운전대를 잡고 다른 한 손으로는 김이 서린 유리창에 손가락으로 도형을 그리고 화살표에 기호까지 붙여 가며 열강을 계속했다. 아마도 그 차에 동승한 승객들은 죽음의 공포로 인해 수명이 10년쯤 단축되었을 것이다.

어려운 수학 문제를 해결하려면 상상력이 필요하다. 실마리는 아이디어다. 문제를 어떤 방법으로 어떤 도구(machinery)를 써서 해결할지 정하는 것이 첫 걸음이다. 수학에서는 이 과정이 가장 중요하다. 첫 발을 떼기 위해 우리는 상상의 나래를 편다. 이 방법도 생각하고 저 방법도 생각해보고 뭔가 보일 듯하면 이론을 전개해본다. 때로는 유망한 것 같아서 몇 개월 혹은 몇 년을 그 길을 따라갔는데 막다른 골목에 부딪치기도 한다. 그러면 다른 길을 찾는다. 이런 과정을 여러 번 반복하고서야 정답을 찾는다.

남보다 쉽게 길을 찾는 사람들을 우리는 천재라고 부른다. 하지만 수학에 천재만 필요한 것은 아니다. 나 같은 보통 사람들이 때때로 천재들이 풀지 못하는 문제를 풀 때가 있다. 천재들은 큰 그림을 보고 달려가기에 빈틈이 많다. 이 빈틈을 보통 수학자들이 열심히 메운다. 그러다보면 예기치 않았던 정리가 증명되기도 한다.

수학에서 가장 요구되는 덕목이 틀에 매이지 않은 자유로운 사고다. 유클리드 공리를 받아들이지 않고 자유로운 상상을 했기에 오늘날 비유클리드 기하학인 쌍곡기하가 탄생할 수 있었다. 이것으로 우주의 모델을 4차원 민코프스키 공간으로 보는 상대성원리가 가능해진 것이다. 우리가 유클리드 기하학만 강조했다면 아마도 사람들은 지금도 여전히 마차를 타고 지구 끝까지 가면 낭떠러지에 이르게 될 것이라는 공포로 지구를 벗어나지 못하는 중세에 머물러 있을 것이다.

철학사도 마찬가지다. 나를 떠나 사물은 과연 존재하는가 하는 질문에 경험론자들은 그렇지 않다고 믿었고, 데카르트를 비롯해 이성을 신봉하는 합리론자들은 이성의 추론으로 본질적 사물을 이해할 수 있다고 믿었다. 하지만 결국 칸트는 주관론적 입장에서 불가지론을 피력했다. 수학도 이런 사고의 차이에 따라 접근 방식이 달라진다. 쉽게 말하면 나의 관점으로 보느냐 아니면 객관적 사물인 타인의 관점으로 보느냐의 차이라고나 할까.

수학에서 어떤 개념을 도입할 때 이 두 가지 방법을 조합한 헤겔의 방법을 쓰는 것이 효과적이다. 이런 코페르니쿠스적 발상의 전환이 철학뿐만 아니라 수학의 발전에도 지대한 영향을 미쳤다. 자유로운 상상의 꽃을 아름답게 표현하는 것이 예술이라면 자유로운 상상의 열매를 논리적으로 표현한 것이 수학이다.

수학을 '자유로운 상상의 열매'라고 표현한 데는 이유가 있다. 그것을 구체적으로 만지고 맛볼 수 있기 때문이다. 수학이 단지 논리와 관념의 다발이라고 생각하는 사람들이 있어서 하는 말이다. 사회에 나가면 아무 쓸모없는 수학을 왜 어렵게 공부해야 하느냐고 항변하는 사람이 있는데 사실 수학을 공부하면 생활 속에서 얻는 실제적인 유익이 많다.

수학을 좋아하는 학생들이 부모나 주위의 압력으로 의대나 다른 학과를 선택하는 것을 볼 때면 안타깝다. 수학을 공부해도 충분히 먹고 살 수 있다. 그뿐인가. 기호와 숫자는 세계 만국의 공통 언어다. 약간의 어학 실력만 갖추면 세계 어디서든지 일자리를 얻을 수 있다. 어딜 가든 수학을 가르쳐준다면 대환영을 받는다.

가끔 사람들이 내가 전공하는 위상수학(位相數學, Topology)이 뭐냐고 물어온다. 위상수학이란 간단히 말해 물체의 본질적인 모양을 연구하는 학문이다. 예를 들면 도넛에는 구멍이 하나 있고 공에는 구멍이 없다. 이 둘은 위상학적으로 다른 물체다. 모양이 둥글건 덜 둥글건 상관없다. 밀가루로 만들었는지 고무로 만들었는지 재료도 중요하지 않다. 다만 구멍이 몇 개인가가 중요하다. 찰흙을 가지고 모양을 변형시켜도 서로 붙이거나 떼지 않는 한 그것은 위상동형이다. 약간의 변형이 있다고 해서 본질적인 모양이 변화되지 않는다.

더 쉽게 말하자면, 위상수학자에게는 코가 높고 낮은 것이 중요하지 않다. 코가 한 개 있으면 모두 똑같다고 본다. 서양인의 코나 동양인의 코나 위상동형이다. 부자건 가난하건, 희건 검건, 키가 크건 작건, 장애가 있건 없건, 늙건 젊건, 많이 배웠건 그렇지 않건 하나님의 눈에 똑같은 인간인 것과 같다.

그렇다면 위상수학은 어디에 쓰일까? 쓸모는 많다. 아주 쉬운 예로 누가 범인의 몽타주를 그려주면 그걸 가지고 컴퓨터 데이터베이스에서 범인과 비슷한 사람을 찾아낸다든지 지문인식기, 네트워크, 반도체 집적회로설계 등에 쓰인다.

이에 반해 기하학은 거리(distance)와 매끄러움(smoothness)을 중요시한다. 위상수학은 침대 시트가 구겨져 있건 반듯하게 다려져 있건 개의치 않지만 기하학은 이 문제에 민감하다. 같은 위상구조를 가진 다양체에도 개수가 무한인 서로 다른 매끄러운 구조가 있을 수 있다. 위상수학자에게는 실수(real line)와 0과 1 사이의 개구간(open interval)이 위상동형이지만 기하학자에게는 엄연히 다른 공간이다. 위상수학자가 외모와 옷차림을 중요시하지 않는 마음이 관대한 사람들이라면 기하학자들은 옷맵시, 키, 생김새에 민감한 사람들이다.

때때로 기하학자들의 날카로운 눈초리가 두루뭉술한 위상수학자들의 눈보다 효과적일 때가 있다. 최근 해결된 푸앵카레 가설이 그 예다. 지난 100여 년간 위상수학자들이 해결하지 못했던 문제를 페렐만이라는 기하학자가 해결했으니 말이다.

수학을 공부하면 좋은 점이 논리가 생긴다는 것이다. 사람들이 논리적이 되면 자신이 하는 행동이나 사고가 어떤 결과를 가져올지 예측할 수 있다. 사람들이 논리적으로 생각하고 행동할 수 있다면 우리 사회는 훨씬 질서 잡히고 범죄가 줄어들어 사람답게 살 수 있는 곳이 될 것이다. 반면 비논리적 사고는 무질서와 범죄와 폭력을 낳는다. 우리가 지켜야 하는 도덕과 질서는 인간의 논리적 사고에 바탕을 둔 규율인 것이다. 우리가 눈으로 볼 수 있는 수학의 열매도 있다. 수학 없이는 아파트도 다리도 건설하지 못한다. 자동차와 비행기도 다니지 못할 것이다.

수학의 또 다른 열매는 이성을 통해 인간을 하나님 앞으로 인도하는 몽학선생 역할을 하는 데 있다. 수학을 하다보면 인간의 이성에 한계가 있음을 뼈저리게 느낀다. 좌절하며 스스로 진리에 도달하지 못한다는 것을 경험적으로 인식하게 된다. 적어도 나는 그렇다. 그러기에 논리와 이성의 위에 계신 절대자에게 무릎을 꿇게 된다.

차원을 공부하면 더 은혜롭다. 2차원에서는 볼 수 없는 공간이 3차원에서는 보인다. 말하자면 2차원에서는 불가능한 조작들이 3차원에서는 가능하다는 것이다. 또한 아무리 복잡하게 엉킨 매듭도 4차원에서는 헛매듭이 된다. 영국의 수학자 크리스토퍼 제만(Christopher Zeeman)의 연구에 따르면 임의의 엉킨 끈은 충분히 높은 차원으로 옮기기만 하면 마법처럼 풀린다는 것이다. 신비롭지 않은가?

이 땅에 발을 딛고 사는 우리의 문제들이 더 높은 차원에 계시는 하나님이 보시기엔 이미 다 해결된 것들이라는 뜻이다. 앞도 막히고 뒤도 막힌 막막한 상황에서 하늘을 보고 기도하라는 말이 맞다. 어떻게 하나님이 이 세상에 인간의 몸으로 오실 수 있느냐고? 차원이 다르면 충분히 오실 수 있다. 하나님을 믿는 수학자의 논리로는 절대로 그렇다.

수학 속에 숨어 있는 하나님의 비밀

0과 무한이란 숫자는 중학교 때부터 배워서 누구나 잘 알 것이다. 사실 생각해보면 0이란 것은 이 세상에 존재하지 않는다. 지갑에 돈이 없는 경우 '나에게 0원이 있다'고 말할 수는 있지만 이 세상에 존재하는 총체적인 돈의 액수는 절대로 0원일 수 없고 마찬가지로 무한일 수도 없다. 이 우주에는 무엇인가 0이 아닌 것이 무한이 아닌 유한만큼 존재한다. 우리는 유한한 무엇에서 다른 유한한 것을 만들 수 있다. 그러나 0에서 1을 만들 수는 없다. 0을 아무리 더하고 곱해도 0이니 말이다.

결국 0과 무한은 하나님께 속한 숫자다. 따라서 0에서 유한한 무엇을 만들 수 있는 존재는 무한을 품은 존재, 바로 창조주다. 0

땅에 발을 딛고 사는 우리의 문제들이 더 높은 차원에 계시는 하나님이 보시기엔
이미 다 해결된 것들이다. 앞도 막히고 뒤도 막힌 막막한 상황에서 하늘을 보고
기도하라는 말이 맞다. 어떻게 하나님이 이 세상에 인간의 몸으로
오실 수 있느냐고? 차원이 다르면 충분히 오실 수 있다.
하나님을 믿는 수학자의 논리로는 절대로 그렇다.

에서 우주를 만든 이는 반드시 무한을 품은 창조주여야 하니 논리적으로 하나님은 무한 차원에 존재하신다. 이것을 염두에 두고 시간과 공간에 대해 생각해보자.

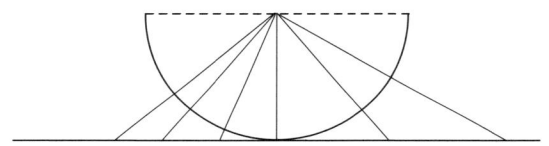

종이 위에 (0,1)이란 개구간(開區間. 양 끝점을 포함하지 않는 선분)을 그려보자. 이것은 실수 전체와 일대일 대응이다. 이것을 쉽게 보는 방법은 길이가 1인 철사 토막을 구부려 반원처럼 만들어보는 것이다. 이것을 종이 위에 놓고 철사의 길이가 반이 되는 점을 통과하고 철사에 접하는 직선을 그려보자. 반원의 중심에서 직선에 선분을 그으면 철사 위의 각 점과 직선 사이에 일대일 대응이 있는 것을 금방 확인할 수 있다.

이 우주가 시간을 포함해 4차원이라 가정해보자. 대부분의 사람들이 우주와 시간이 유한차원에 존재한다는 것에 대해 금방 수긍하리라 믿는다. 이 중 시간에 해당되는 것은 0과 1 사이의 실수와 동형이니 이를 평면에 그려보자. 이 종이를 바라보고 있는 사람은 시간의 처음부터 끝까지를 동시에 보는 셈이다. 바로 하나님이 그런 분이다. 하나님은 인간의 역사를 창조에서부터 예수님의 재림 때까지 동시에 보고 계신다.

이 우주와 시간을 합친 차원이 종이 위에 다 포함되어 있다면, 우리가 연필을 가지고 종이의 어느 점에나 도달할 수 있는 것처럼 하나님은 어느 시간 어느 곳에도 들어오실 수 있다. 예수님이 부활한 후 문이 닫힌 마가의 다락방에 불쑥 나타나신 것도 이런 원리다. 우주와 시간을 포함하는 차원보다 더 높은 차원에 존재하기 때문에 그렇게 하실 수 있는 것이다.

창세기 1장 1절에 "태초에"라는 말이 있다. 어떤 사람은 이렇게 묻는다.

"태초가 시간의 시작이면 그 이전에는 무엇이 있었나요?"

하나님이 시간을 종이 위에, 0과 1 사이에 위치하게 그리셨다면 그 시간은 사실 하나님의 입장에서 보면 단지 1초에 불과하다. 하지만 시간 속에 살고 있는 우리에게 시간은 언제나 영원과 위상동형(位相同形)이다. 하나님에게 그 시간은 어떤 차원의 유한한 일부로 존재하는 것이다.

성경에서 말하는바 하나님에게는 하루가 천 년 같고 천 년이 하루 같다는 말을 이런 맥락에서 이해하면 된다. 하나님은 시간을 0

과 1 사이의 개구간으로 혹은 0과 2 사이의 개구간으로 아니면 그분이 원하는 어떤 개구간으로든 택하실 수 있다. 그러기에 하나님에게 시간의 길이란 아무 제한이 없는 것이다. 창세기를 읽을 때 이런 시간의 단위를 염두에 두어야 한다. 그분이 하루라고 표현한 시간이 우리에게는 몇천 년, 몇만 년이 될 수 있다.

플라톤은 이렇게 말했다.

"모든 사물의 본질은 하늘에 있고 우리는 그것의 투영만 보고 있다."

이 말과 같이 하나님은 우리가 갇혀 있는 유한차원의 시간과 공간 밖에 계시는 분이다. 그분을 우리가 안다는 것은 사실 쉽지 않다. 우리는 우리가 속해 있는 차원을 스스로 벗어날 수 없기 때문이다. 그래서 하나님께서 육체와 시간의 차원 속에 당신 스스로를 가두어 이 공간과 시간 속에 육신을 입고 내려오신 것이다. 바로 예수님의 성육신 사건이다. 하나님은 우리가 당신을 제대로 이해하지 못하고 끊임없이 오해하므로 우리가 사는 이 공간, 시간에 스스로 들어오셨다.

하나님의 낮아지심을 논리적으로 배워보자면 다음과 같은 예가 필요하다. 우리는 3차원 공간상에 존재한다. 우리가 차원을 낮추어 2차원에 들어가려고 노력해도 평면에 존재하는 것은 불가능해 보인다. 아무리 낮추고 엎드려도 나는 여전히 3차원에 존재하지 마룻바닥처럼 납작해질 수 없다. 하물며 무한차원에 존재하시는 하나님이 우리가 있는 4차원(스티브 호킹과 같이 M이론을 주장하는 초끈이론자들은 11차원)에 들어오신 것이 얼마나 큰 고통과 불편을 감수하신 것인지 이해되지 않는가.

그런데 왜 하나님은 인간을 1, 2차원이 아닌 3차원으로 만드셨을까? 현대 물리를 가능하게 한 맥스웰(Maxwell)의 방정식이 있다. 빛의 운동을 설명할 수 있게 만든 방정식이다. 이 방정식이 물리적으로 잘 성립하는 공간은 최소 3차원이다. 따라서 하나님은 빛과 전기장, 자기장 등이 잘 운동하는 공간을 만들기 위해 우주를 3차원, 시간을 1차원으로 봤을 때 합해서 4차원으로 창조하신 듯하다. 하나님이 이 미분방정식을 마음에 두셨다면 아담을 빛이 있는 아름다운 우주에서 살도록 3차원의 존재로 만드셨을 것이다. 하지만 왜 6차원, 8차원의 우주를 만들지 않으셨을까 하는 의문이 남는다.

푸앵카레 가설이라는 것이 있다. 앞서 말했듯이 2006년 페렐만이란 러시아 수학자가 100년 된 이 가설을 해결해놓고도 필즈상 메달을 거부해서 세간의 화제가 된 적이 있었다. 다른 차원에서는 푸앵카레의 가설이 모두 해결되었지만 유독 3차원에서만 이 가설이 해결되지 않았다. 기하학과 위상수학에서는 3차원과 4차원이 가장 어려운 차원 중 하나다. 차원이 높아지면 움직일 수 있는 공간이 많아져 위상이 쉬워지지만, 차원이 낮아지면 공간이 많지 않아 위상은 어려워지는 반면에 기하학은 쉬워진다. 그런데 위상과 기하가 동시에 어려워지는 차원이 3, 4차원이다. 그래서 하나님은 우주를 3차원에, 시간을 1차원에 두어 신비한 우주 운행의 비밀을 4차원에 두고 인간을 3차원에 살도록 하신 게 아닐까?

수학의 발달 초기에는 수학자들의 대부분이 철학자들이었다. 인도, 중국, 바빌로니아에서는 아주 일찍부터 수학이 발달했다. 우리가 잘 아는 고대 그리스 시대의 수학자들이 이집트에서 기하학을, 바빌로니아에서 대수학 등을 배웠고 탈레스와 피타고라스, 플라톤도 이집트에서 유학한 것으로 추정된다.

아르키메데스의 여러 연구 업적 중에서 출판되어 오늘날까지 전해지는 것은 원주율 발견, 원의 면적, 구의 표면적, 구의 부피 등의 수학논문들뿐이다. 그는 "원의 측정"이란 논문에서 원주율(파이)의 값을 구해냈다. 즉 원의 둘레와 원의 반지름 비율을 정확하게 나타냈다. 그는 포물선의 넓이, 부피를 구하는 것과 공과 공에 외접하는 원기둥과의 관계를 밝혀내기도 했다. 그가 밝혀낸 방법은 2천 년이나 지난 후 아이작 뉴튼이 발견한 미분학 출현의 근간이 되기도 했다.

그리스 고대 문명 가운데 유클리드의 '원론', 아폴로니우스의

'원추곡선론', 디오판투스의 '산학' 등은 주목할 만한 업적이다. 아리스토텔레스와 플라톤도 수학과 철학을 했다. 플라톤은 강당 입구에 "기하학을 모르는 자는 들어오지 마시오"라고 써붙이기도 했다.

수학은 하나님이 우주를 운행하시는 법칙과 밀접한 관계가 있다. 케플러는 그의 법칙을 발견하고 신에게 감사를 드렸다.

"창조주이고 구세주이신 당신, 당신 작품의 위대함으로 저의 정신을 기쁘게 해주신 것에 감사드립니다."

라이프니츠는 "세계는 신의 계산으로 생겼다"라고 말했으며, 플라톤은 "항상 기하학적으로 행동하는" 신에게 기도했다.

하지만 우리가 사용하는 수학은 결코 완전무결한 학문이 아니다. 수학 역사상 수학의 불완전성과 관련해 빼놓을 수 없는 학자가 쿠르트 괴델(Kurt Gödel, 1906-1978)이다. 그의 불완전성 정리(1931년)로 우리가 사용하고 있는 수학적 체계가 불완전하다는 것이 입증되었다. 결국 수학적 증명을 넘어서는 이성의 세계가 있는데 그것은 증명의 대상이 아닌 믿음과 선택의 대상이라는 뜻이다. 이것은 현대 수학을 이용해 과학을 연구하는 모든 사람들은 하나님 앞에서 겸손해야 한다는 사실을 선포한다.

한 가지 주목할 점은 괴델이 신의 존재를 증명하려고 시도했다는 것이다. 그는 신을 "모든 긍정의 속성을 가진 존재"와 동치(同値, equivalence)로 여겼다. 성경에서 하나님이 인자가 풍성하고 모든 선의 근원이심을 강조하는 것과 일맥상통한다. 위대한 수학자 괴델은 자신을 기독교 루터교 신자로 고백했다. 나 역시 이 우주를 창조하고 운행하며 측량할 수 없는 지혜로 삼라만상을 다스리시는 창조주의 지혜의 일부인 수학을 연구하고 있다. 수학을 하면 할수록 그 지혜의 크심에 압도되며 무한의 하나님이 3차원에 갇힌 나를 무한의 선하심으로 만나주고 대화해주심에 무릎을 꿇게 된다.

내게 수학은 하나님의 크심을 경험하는 통로다. 그분의 지혜를 조금이나마 손가락으로 만져보는 도구다. 몇 년씩 씨름하던 문제를 해결할 때면 나는 하나님이 자비를 베풀어 그분의 지식을 내게 조금이라도 보여주심에 감사드린다. 나는 수학을 하며 세상의 아름다움에 심취한다. 수학 문제를 해결하기 위해 생각에 잠기면 어느새 하루해가 저물곤 한다. 그 시간만큼은 하나님의 우주에 담긴 비밀과 대화하는 시간이다. 이 세상에 숨겨놓으신 지혜와 아름다움의 한 자락을 발견하기 위해 나는 오늘도 그분과 대화한다.

"지혜와 지식의 근원이신 주여, 주님의 자비 속에 담긴 우주의 비밀을 이 작은 자에게도 계시해주어 주님이 창조하신 우주의 아름다움을 이 세상의 모든 사람들과 나눠 갖게 하소서."

7. 숨어 있는 아름다운 꽃들

꽃이라고 다 꽃답게 꽃피우는 건 아닐 것입니다. 숨어서 피는 꽃 있다면 그 꽃 속은 더 환할 것입니다. 비밀의 꽃 장이란 얼마나 넘기고 싶은 페이지입니까. 지금 누가 그걸 읽는 중일까요. 누가 그를 어디에다 숨긴 것일까요.
_〈숨은꽃〉, 천양희

앰버

버클리에 있을 때 나는 친구들을 전도하려고 일대일 성경공부를 시작했다. 인도, 미국, 한국, 네덜란드 등 국적을 가리지 않고 성경을 배우겠다는 사람이 있으면 어디든 갔다.

한 인도 친구가 있었다. 집안은 힌두교였지만 독실한 힌두교도는 아니었다. 검고 깊은 눈을 가진 그는 새 관찰하는 것을 좋아했다. 나는 아침 일찍 그의 집에 찾아갔다. 어렸을 때부터 천식이 있어 앰버는 아침에 일어나기 힘들어했다. 그가 일어나 채비를 하는 동안 나는 그를 기다렸다. 가끔은 그가 구워주는 팬케이크로 같이 아침식사를 했다. 이질적인 문화 때문에 서로를 완벽하게 이해하기는 힘들었다. 그래도 인류 공통의 생활방식과 사상을 찾아 성경에 나타나 있는 보편적인 인간상에 대해 토론하고 하나님과 인간의 구원에 대해 공부했다. 성경공부를 마치면 그를 위해 기도해주었다. 그에게 뿌린 복음의 씨앗이 어떻게든 싹트길 간절히 빌었다.

박사 시험을 마친 후 인도를 방문했을 때 그의 집에서 일주일 동안 묵었다. 앰버의 부모님은 두 분 다 교수로 인도의 최상위 계층이었다. 집에는 시종이 열 명이 넘었다. 아침에 일어나면 식사가 준비되었고 나갔다가 돌아오면 깨끗하게 청소가 되어 있고 40도가 넘는 더위에 지쳐 낮잠을 자고 일어나면 차와 우유와 맛있는 스낵이 기다리고 있었다. 유학생활 동안 스파게티에 김 가루를 뿌려먹거나 포장된 샐러드, 오렌지주스만 먹던 내게 왕 같은 대접이었다. 시종이 옛날처럼 생사여탈권을 주인에게 맡긴 주종관계에 있지 않은 하나의 직업이고 그런 식으로라도 일자리를 만들어야 하는 것이 인도의 현실임을 이해하지만 나는 하인들의 시중을 받는 내내 마음이 불편했다. 앰버의 형은 청각장애가 있어 입술을 보고 나와 얘기를 나누었다. 그래서 앰버가 장애가 있는 나를 더 자연스럽게 대했던 것 같다.

앰버는 결혼해서 한 아이의 아버지가 되었다. 기쁘게도 그가 최근에 한 기독교재단 대학의 교수가 되었다는 소식을 들었다. 하나님께 감사하는 마음이 들었다. 언젠가 다시 인도를 방문하면 꼭 다시 만나고 싶다.

샘

어느 날 저녁식사 시간 후에 기숙사로 나를 찾아온 학생이 있었다. 그는 학기 초 식당에서 나를 본 후 왠지 나와 얘기를 하고 싶어 찾아왔다고 했다. 그는 밤늦게까지 내 방에서 얘기를 하다 갔다. 그는 철학 전공이었다.

샘은 나와 공통의 관심사가 많았고 비슷한 생각을 가지고 있었다. 우리는 친구가 되었다. 영화도 같이 보고 음악도 듣고 그림도 보러 가고 산책도 함께하며 우리의 삶과 소망과 이 세상에 대해 맘껏 토론했다. 그는 생각이 깊고 순수하며 이상주의자다운 면이 있었다. 그는 영화를 만들고 싶어 했다.

"내가 영화를 찍을 수 있다면 첫 번째는 인강 너를 소재로 하고 싶어."

우리는 화제를 모으던 영화들 〈참을 수 없는 존재의 가벼움〉이나 〈늑대와 춤을〉, 구로사와 아키라 감독의 〈꿈〉, 〈7인의 사무라이〉, 스웨덴 잉마르 베리만 감독의 〈산딸기〉, 〈페르소나〉와 같은 영화를 보고 초현실적이고 애매하며 때때로 비도덕적이기까지 한 영화 주제들을 가지고 의견을 나누었다.

LA에 있는 그의 집을 몇 번 방문했다. 그에게는 아픔이 있었다. 그의 아버지는 가난한 목사였고 어머니는 평생 정신분열 증세로 고생하고 있었다. 그럼에도 불구하고 우리는 세상의 참 선구자가 되자고 서로 격려했다.

샘은 지하철을 타러 가다가 어떤 사람이 플루트를 연주하는 것을 듣고 그 소리가 너무 아름답다며 그 길로 플루트를 사들고 나를 찾아왔다. 그는 순은으로 만든 플루트를 내게 선물했다.

"네가 연주하면 어울리겠어."

지금도 그 플루트를 가지고 연주할 때마다 샘이 생각나 마음이 따뜻해진다. 그는 몇 년을 나와 함께 지내다가 보스턴에서 신학석사 과정을 밟으려고 버클리를 떠났다.

2005년 여름, 미국에 갔을 때 나는 샘에게 전화를 했다. 샘은 LA에서, 나는 버클리에서 서로 출발해 몬트레이에서 만났다. 그는 나를 얼싸안고 울었다. 그동안 너무 나이가 들어버린 샘을 보니 마음이 아팠다. 몬트레이 해변의 하얀 모래사장에 앉아서 얘기를 나눴다. 그는 문제 아이들이 많이 다니는 초등학교의 교사로 일하고 있었다. 정부의 지원이 없어 스스로 빚을 내서 아이들을 돕고 있었다.

세상이 가난한 사람들에게 얼마나 가혹한가에 대해 그는 울분을 터뜨렸다. 사귀는 여자 친구가 암에 걸려 수술한 얘기, 날로 늙어가는 부모님을 걱정하는 얘기, 영화공부를 하고 싶지만 경제적 여건이 안 되어 고민 중인 얘기. 그는 현실과 꿈 사이에서 갈등하며 고통당하고 있었다. 그를 어떻게 도와야 할지 몰라 마음이 아팠다. 부디 전능한 하나님께서 그의 인생에 함께해주시기를 기도했다.

콜린

매주말 파티를 할 때마다 위층에서 꽝꽝 울리던 록 음악들에 지쳐서인지 나는 클래식 음악을 좋아하게 되었다. 숙제할 때도 조용하게 음악을 들었고 학교 콘서트홀에서 열리는 음악회를 즐겨 찾았다. 특히 힘이 들면 바닷가에서 듣던 베토벤의 피아노 소나타 5번 〈황제〉 가운데 2악장을 좋아했다. 조용한 선율과 격동의 인생 가운데 찾아오는 쉼과 같았던 멜로디를 꼭 내 손으로 치고 싶다는 꿈을 가졌다.

나는 음대에 가서 작은 쪽지를 벽에 붙여놓았다.

"피아노를 가르쳐주시는 분에게 대신 수학을 가르쳐드리겠습니다."

다음 날 바로 전화가 왔다. 콜린이었다. 그 쪽지를 보자마자 끌리는 느낌에 전화를 했다고 한다. 그녀는 위스콘신에서 온 밝은 갈색머리에 착하게 생긴 열여덟 살 어린 여학생이었다.

피아노를 렌트했다. 콜린은 일주일에 한두 번씩 찾아와 기초부터 가르쳐주었다. 나는 생전 처음으로 피아노를 만져봤다. 하지만 기타 코드를 잘 잡아서 그런지 진도는 빨랐다.

콜린은 고등학교 때 세계수학올림피아드에 출전할 정도로 수학을 잘하고 좋아해서 버클리 수학과에 진학했다. 어느 날 수업 시간에 앉아 있다가 문득 수학을 가지고 어떻게 어려운 사람들을 도와줄 수 있을까 하는 데 회의가 들었다고 한다. 그녀는 음악으로 사람들을 돕기로 결심하고 어릴 때부터 연주해온 피아노 실력으로 음대로 전과했다. 그녀는 음악치료에 관심이 많았다. 콜린은 주중엔 노숙자들에게 점심을 제공하는 봉사를 하고 주말이면 양로원에 가서 피아노를 연주해 노인들을 즐겁게 해주었다. 그리고 피아노를 배우고 싶어 하는 사람에게 무료로 가르쳐주었다.

콜린은 6개월 동안 피아노를 가르쳐주었다. 나는 그녀가 오디션이 있는 날이면 연주회장에 데려다주고 연주하는 것을 지켜보았다. 어린 나이에 혼자 있는 것이 안쓰러워서 부모같이 격려해주기도 했다. 무엇을 붙들면 끝장을 보듯 연습하는 나는 피아노를 배운 기념으로 미숙하기는 하지만 〈월광〉 1악장을 쳤다. 콜린과 함께 들은 윈톤 마샬리스의 트럼펫 연주, 베토벤의 〈코리올란 서곡〉 등이 지금도 기억난다.

어떤 사람들은 미국의 도덕적 타락을 보고 실망한다. 그러나 미국을 버티는 힘은 콜린이나 샘처럼 아무 대가 없이 사람들을 도와주는 순수하고 착한 이들에게서 나온다. 우리나라도 마찬가지다. 이름 없이 빛 없이 오직 하나님만 바라보며 그분의 뜻대로 사는 이들, 그렇게 아름다운 숨은 꽃들이 의외로 많다.

나의 구세주, 나의 주님!

유학 중 처음으로 나간 한인교회에서 참 좋은 형제들을 만났다. 수연, 알렉스, 인호, 석철, 순희. 지금 이름을 불러봐도 그리움이 밀려온다. 유닛(unit) 2 기숙사 앞에 낡고 큰 자동차를 몰고 와서 나를 처음 교회에 데리고 갔던 수연 형. 그 작은 체구와 선한 첫인상이 지금도 눈에 선하다. 형은 자기가 사는 낡은 아파트에 나를 불러 저녁을 대접했다. 비록 밥과 김치가 전부인 초라한 밥상이었지만 우리는 서로 격려하며 힘든 유학생활을 버텼다. 형은 리브모어에 오랫동안 살다 지금은 오리건 주에 살고 있다. 내가 미국에 가거나 형이 한국에 오면 지금도 만나고 함께 기도한다.

같은 셀에서 성경공부를 했던 석철 형. 형은 종종 도시락을 싸 와서 수학과 건물인 에반스홀 앞 잔디밭에 앉아 나와 같이 점심을 먹었다. 방황도 많이 해서 내가 간절하게 기도하고 가슴 졸였던 경상도 사나이다. 순장이었던 순회 형. 한동안 같은 학교에 근무한 교수이자 교회 전도사인 형은 수요일마다 캠퍼스에서 학생 채플을 주관한다. 형의 부탁으로 두세 번 말씀을 전하러 간 적이 있다. 항상 머리에 젤을 바르고 다니던 감성파 알렉스. 우리는 카페에서 자주 만나 대화하던 외로운 총각들이었다. 지금은 연구소의 책임자로, 교회의 셀 리더로, 또 두 아이의 아빠로 열심히 살고 있다. 그가 다니는 크로스웨이 교회에 간 적이 있다. 말씀이 살아 있고 선교를 열심히 하는 교회였다.

우리는 진짜 한 형제처럼 지냈다. 신앙도 순수하고 진지했다. 새로 오는 사람이 있으면 마음을 다해 도와주었다. 한 형제에게 복음을 전하고 예수님을 영접하게 하려고 새벽까지 함께 대화하고 기도했다. 내 유익보다는 형제의 유익을 위해 5리를 가자면 10리를 가주는 마음으로 피곤한 줄도 몰랐다.

교회가 예수님을 전하려는 열성은 있으나 인내심이 부족할 때가 있다. 급한 마음에 시스템을 손보고 프로그램을 돌린다. 일사불란한 명령 체계를 세우기도 한다. 예수님은 3년 동안 열두 명의 제자를 훈련시키셨는데 우리는 마음이 급해서 한 번에 수십 명 아니 수백 명씩 전도할 계획을 세운다. 이것이 잘못되면 성도에 대한 순수한 사랑을 잃는다. 예수님을 영접하고 속사람이 변할 때까지 오래 기다려주는 것이 사랑인데 조급함에 어린 성도들을 몰아세우기도 한다.

훗날 천국에 갔을 때 하나님은 우리에게 사랑의 무게와 깊이에 대해 물으실 것이다. 전도와 봉사와 헌신에 진심으로 예수님의 사랑을 담았는지, 오직 하나님께 충성을 바치며 그 일을 했는지 물어보실 것이다. 예수님은 우리를 향한 사랑 때문에 십자가에 못 박히셨고 바울은 눈물로 양들을 돌보았다. 천사의 말과 지혜를 가졌어도, 심지어 목숨을 바치더라도 사랑으로 하는 일과 자기 열성으로 하는 일은 하늘과 땅만큼 차이가 난다.

주님의 공동체는 좋은 프로그램으로 만드는 것이 아니다. 본질적으로는 사랑을 줄 수 없는 죄인들이 예수님을 덧입어 연약한 가운데서도 사랑과 인내로 이끌어나가는 공동체다. 가난하고 약한 자가 교회를 떠난다면 강한 자들도 살아남을 수 없다. 예수님이 약한 자들과 함께 가셨기 때문이다. 지상의 교회가 완벽할 수는 없다. 그럼에도 불구하고 우리는 교회를 사랑해야 한다. 그리스도의 몸이기 때문이다.

나는 이곳에서 처음으로 침례를 받았다. 이미 예수님을 영접한 상태였지만 정식으로 사람들 앞에서 신앙고백을 했다.

"You are my savior, You are my Lord, You are my friend and my lover!" (당신은 나의 구세주입니다. 주님입니다. 나의 친구이자 연인입니다!)

다시 한 번 가슴으로부터 뜨거운 눈물이 흘렀다.

마더 테레사

많은 수업과 연구, 교회 활동에 몸이 지치자 다시 폐가 아프기 시작했다. 하루 공부하면 이틀을 쉬어야 했다. 때로는 너무 아파서 며칠씩 누워 있었다. 박사 논문을 쓰기 위한 자격시험이 있을 때였다. 부활절 즈음이었다. 시험을 두 주 앞두고 폐가 아파서 견딜 수 없었다. 의사는 입원하라고 권유했다. 그러나 나는 다시 하나님을 붙들었다. 부활절이 끝날 때까지 기도에 매달렸다.

"주께 기도하오니 부디 나의 연약함을 돌보소서."

나는 의사보다 기도의 힘에 의지하는 무모함을 범했고 하나님은 그때마다 나를 치유하고 소생시켜주셨다. 시험도 무사히 마치도록 해주셨다. 연약한 육체는 나에게 몸의 가시와 같았다. 그러나 이 가시는 내가 자고하지 않고 하나님께만 의지하며 나를 정결하게 하는 도구가 되었다. 시험을 마치고 맞이한 여름방학에 나는 인도를 여행했다. 가장 싼 티켓을 끊다보니 비행기를 다섯 번이나 갈아타야 했다. 고생 끝에 뉴델리 공항에 도착했는데 더욱 황당한 일이 기다리고 있었다.

입국심사대에서 내 여권이 이상하다며 통과를 시켜주지 않았다. 직인 찍힌 곳의 숫자가 손으로 문지른 것처럼 번져 있다는 이유였다. 그들은 나를 으슥한 곳으로 데리고 갔다. 내가 샌프란시스코의 인도대사관에서 직접 받은 것이라고 아무리 주장해도 그들은 듣지 않았다. 그들은 한 시간 동안 갖은 질문으로 나를 몰아세웠다. 나중에 알고보니 그것은 돈을 받아내기 위한 관행이었다. 어쨌거나 나는 그들이 돈을 원한다는 것을 눈치 채지 못하고 끝까지 버터서 무사히 풀려나오게 되었다.

한 달 동안 뉴델리, 아그라의 타지마할, 라자스탄 지역, 캘커타를 돌아보았다. 라자스탄에서는 자이나교 승려와 만나 긴 대화를 나누었다. 그들은 세상에 존재하는 미생물조차 다치지 않게 하려고 마스크를 쓰고 자기가 가는 길을 빗자루로 쓸며 걸었다. 그들의 구도를 향한 여정은 스스로 택한 절제와 양보와 고행이었다. 자이나교 센터에서 본 구도자들은 진리를 찾기 위해 갖은 애를 쓰며 육체를 거스르는 힘든 길을 가고 있었다. 그들의 뜻은 이해가 갔지만 잘못하면 육체의 모양을 내는 것이 될 수도 있겠다고 생각했다. 인간이 아무리 고행을 해도 죄악 된 본성에서 자유로울 수 없고 아무리 참선해도 하나님이 주시는 평안을 누리기 어렵다.

"수고하고 무거운 짐 진 자들아 다 내게로 오라 내가 너희를 쉬게 하리라"(마 11:8)고 말씀하신 예수님의 복음이 그들에게도 선포되길 기도했다.

인도 어디에 가든지 아이들이 카쿠 카쿠(kaku, 삼촌) 하면서 돈을 구걸했다. 로티 한 조각과 더러운 물 한 바가지로 하루를 나던 길거리의 사람들. 내 평생에 그렇게 가난한 사람들을 지천으로 보기는 처음이었다. 그들에 비하면 나는 너무도 행복한 사람이었다. 불행한 사람은 인도를 여행하라는 말은 비참한 그들을 보고 상대적인 행복을 느끼라는 뜻일 것이다. 가슴이 아팠다. 가난과 카스트 제도, 분열된 종교와 언어가 인도의 발목을 잡고 있었다. 그들의 놀랄 만한 오랜 역사의 힘도 그것들로 인해 주춤하고 있었다. 인도는 거대한 운명의 수레바퀴에 갇혀 있었다. 하나님의 도움 없이 그들 스스로 틀을 부수고 나오기는 힘들어 보였다.

낙타를 타고 라지스탄 사막을 건넜다. 섭씨 50-60도의 뜨거운 태양이 내리쬐었다. 모래폭풍이 불었다. 숨을 쉴 수 없었다. 수건으로 얼굴을 가리고 낙타 등 위에 엎드렸다. 낙타의 등은 단단했다. 나를 업고 쉴 새 없이 일하시던 우리 어머니의 여윈 등 같았다. 달빛 아래 모래사막에 앉아 바라보던 신비한 사구들과 밤새도록 피곤에 지친 귀에 윙윙대며 들려오던 힌두사원의 기도 소리가 꿈속을 떠다니는 것같이 몽롱했다.

거의 한 달을 더위와 싸우면서 육체의 한계를 이기기 위해 강행

군을 했다. 하지만 혹독한 더위와 누적된 피로 그리고 소망 없어 보이는 가난한 인도 사람들을 보며 마음이 상했다. 내가 그들에게 아무것도 해줄 수 없다는 것이, 또 그들이 너무도 아무렇지 않게 가난과 운명에 익숙해 있는 것이 속상했다. 내가 수학을 공부하고 박사학위를 딴들 이런 세상에 무슨 도움이 될 것인가? 콜린이 직면했던 문제에 내가 부딪힌 것 같았다. 나는 조금씩 지쳐갔다.

그러던 중에 마더 테레사 수녀님이 운영하는 가난하고 병든 자를 위한 쉼터를 찾았다. 그곳은 죽음을 앞둔 사람들, 버림받은 아이들, 병들고 가진 것 없는 사람들을 위해 모인 자원봉사자들과 수녀님들의 헌신으로 운영되고 있었다. 나는 문 앞에서 수녀님을 기다렸다. 키가 작고 구부정한 수녀님이 나를 발견하고 다가오셨다.

"Why did you come here, my son?" (왜 이곳에 왔습니까?)

나는 삶에 지쳤다고 말했다. 그리고 정말 묻고 싶었던 것을 질문했다.

"수녀님이 이 지구의 한 모퉁이에서 병든 자를 돌보신다고 세상이 얼마나 바뀔 것 같나요?"

그것은 사실 나에게 던지는 질문이었다. 하나님의 큰 은혜를 체험한 자로서 나는 의로운 부담감이 있었다. 하나님의 역사를 위해 더 큰 일, 더 선한 일을 해야 한다는 의무감이었다. 그런데 인도를

7. 숨어 있는 아름다운 꽃들

여행하며 보고 느낀 거대한 부조리 앞에 나의 존재는 한없이 작았다. 길거리에서 자고 먹고 아이를 낳고 그리고 죽어가는 인도 사람들이 저렇게 많은데 쉼터에서 병자 몇 명과 죽어가는 몇 사람을 돌보는 것이 얼마나 도움이 될 것인가.

수녀님은 편안한 얼굴로 대답하셨다.

"내 아들, 세상을 바꾸는 것은 내 몫이 아닙니다. 나는 그저 작은 일에 충성할 뿐이지요."

수녀님은 나를 채플에 초대하고 나를 위해 기도해주셨다.

"삶에 지치지 않고 작은 일에 충성하도록…."

수녀님은 내게 세상을 바꾸려는 비전은 품되 지금 할 수 있는 작은 일부터 시작하라고 가르쳐주셨다. 수녀님이 주신 쪽지에는 이렇게 적혀 있었다.

The fruit of Silence is Prayer (침묵의 열매는 기도입니다).
The fruit of Prayer is Faith (기도의 열매는 믿음입니다).
The fruit of Faith is Love (믿음의 열매는 사랑입니다).
The fruit of Love is Service (사랑의 열매는 봉사입니다).
The fruit of Service is Peace (봉사의 열매는 평화입니다).

그곳은 사진 촬영이 허용되지 않았다. 아마도 사진들이 왜곡된

"수녀님이 이 지구의 한 모퉁이에서 병든 자를 돌보신다고 세상이
얼마나 바뀔 것 같나요?"

"내 아들, 세상을 바꾸는 것은 내 몫이 아닙니다.
나는 그저 작은 일에 충성할 뿐이지요." "삶에 지치지 않고
작은 일에 충성하도록…."

목적으로 사용되는 것을 막기 위함도 있고 "너는 구제할 때에 오른손이 하는 것을 왼손이 모르게 하여 네 구제함을 은밀하게 하라 은밀한 중에 보시는 너의 아버지께서 갚으시리라"(마 6:3-4)는 말씀대로 행하려는 것 같았다. 자신들의 작은 봉사가 과장되어 전해지고 남의 칭찬을 받기 위해 이웃을 돕는 바리새인과 같이 되지 않기 위해서일 것이다.

쉼터에는 목발을 짚고 있는 한 수녀님이 있었다. 그녀는 참으로 먼 길을 왔다며 나의 용기를 칭찬해주었다. 미국으로 돌아간 다음 그 수녀님께 편지와 함께 약간의 물질을 부쳤다. 하나님께서 그 작은 수녀님을 지켜주시길 기도하며. 그리고 세이브 더 칠드런(Save the Children)을 통해 이란의 한 소년을 돕기로 했다. 내가 할 수 있는 작은 일이었다.

어머니

내가 미국에 있는 동안 대전에 계시던 어머니는 평생의 고생을 이기지 못하고 중풍으로 쓰러지셨다. 엄마는 나를 너무도 보고 싶어 하셨다. 다행히 조금 회복되어 걸어다니는 데 지장이 없다고 하기에 미국에 한번 오시라고 했다. 엄마는 내가 졸업하기 한 달 전쯤

아버지와 형님 두 분과 함께 샌프란시스코에 오셨다. 험한 세월을 노동으로 버텼던 주름지고 거친 엄마의 손을 만져보며, 중풍의 후유증으로 부자연스러워진 팔과 다리를 만져보며 나는 가슴이 아팠다. 다리를 못 쓰는 자식 걱정하느라 한시도 맘 편할 날이 없었던 어머니는 당신 몸도 편치 않은데도 내 건강부터 살피셨다.

"안색이 왜 그러냐. 밥은 잘 먹고 다니는 거냐?"

내가 기침이라도 하면 깜짝 놀라셨다.

"괜찮냐? 왜 기침이 나오나. 가슴이 또 아프냐?"

지금도 어머니만 생각하면 눈물이 흐른다. 아버지의 술주정과 폭력에 시달리며 여섯 자식들의 뒷바라지를 해야 했던 어머니는 하루하루를 한숨과 가슴 졸임으로 사셨다. 나는 그런 엄마가 너무나 안쓰럽고 혹시 집이라도 나가시면 어쩌나 하고 걱정했다. 머리가 커진 누나들은 엄마에게 아예 대놓고 어디 아버지 안 보이는 곳으로 도망가시라고 말했다.

아주 어렸을 때였다. 엄마가 밭에도 없고 집 안에도 보이지 않으셨다. 가슴이 덜컥 내려앉았다. 나는 엄마를 찾아 정신없이 헤맸다. 흙투성이가 된 채 복숭아밭과 집 안 여기저기로 기어다니며 엉엉 울었다. 과수원 한쪽 구석에서 무엇인가 정리를 하느라 쪼그려 앉아 있던 엄마는 그런 나를 발견하고는 달려와 꼭 안아주셨다.

"아가, 내가 너를 두고 어디로 갈 수 있겠니."

엄마는 구압산이란 충청도 시골 마을에서 1남 2녀 중 장녀로 태어나셨다. 하나밖에 없는 오빠는 6·25 전쟁 통에 전사를 하셨는데 시신도 찾지 못했다고 한다. 엄마는 스무 살 어린 나이에 중매로 아버지와 결혼하셨다. 결혼하자마자 아버지는 징집되어 전쟁터로 나가셨다. 7남매가 득실거리는 가난한 시댁에서 엄마는 큰누나를 낳고 호된 시집살이를 하셨다. 다행히 아버지가 무사히 제대해서 돌아오시자 삼밭네라는 동네에서 과수원을 일구고 가축들을 키우셨다. 어머니도 아버지도 초등학교조차 나오지 못해 두 분이 하실 수 있는 일이라고는 육체 노동밖에는 없었다.

엄마는 키도 작고 몸이 약했다. 식사도 조금 드셨다. 아버지는 그것이 늘 불만이었다. 일을 많이 해야 하는데 힘을 못 쓴다고 엄마를 들볶으셨다. 엄마는 몸이 더 이상 말을 듣지 않을 때까지 부서져라 일을 하셨다. 결국 내가 중학교 때 엄마는 척추디스크 수술을 받으셨다.

내가 서울에서 대학을 다니게 되자 엄마가 따라 올라오셨다. 엄마는 다리를 못 쓰는 아들을 위해 가방도 들어주고 우산도 받쳐주면서 졸업할 때까지 지내셨다. 나의 권유로 엄마는 교회에 나가셨다. 우리 집 근처에서 홀로 손자를 키우시던 할머니 한 분과 함께 주일 예배에 참석하고 새벽기도회에도 나가며 신앙생활을 하셨다. 남편에게 해방되어 사랑하는 아들과 둘이 지냈던 그 시절이 엄마에게는 가장 평화롭고 행복한 시간이었을 것이다.

  형님 두 분과 아버지는 먼저 서울로 돌아가고 엄마는 나와 함께 내 숙소에서 한 달을 같이 지내셨다. 나는 그때 미국 애들과 함께 어느 가정집 1층을 세내서 지냈는데 사내 녀석들만 있다 보니 부엌이며 목욕탕이며 지저분하기 짝이 없었다. 엄마는 불편한 몸으로 냉장고 속에서 썩어가는 음식물을 다 처리하고 욕조 청소까지 해주셨다.

  엄마와 같이 평소 걷던 산책길도 가고 샌프란시스코 부두에 나가 맛있는 해물도 사먹었다. 엄마에게는 평생에 두 번째로 행복한 시간이었을 것이다. 엄마는 머나먼 미국 땅까지 와서 자식이 공부하는 것을 보게 해주신 하나님께 감사드렸다.

  몸이 자유롭지 못한 엄마를 모시고 운전하며 나는 흘러내리는 눈물을 삼켰다.

  "주님, 연약한 우리 엄마의 부서진 육신에 치유함을 주소서."

  하지만 주님은 어머니에게 다른 뜻을 두고 그 몸을 부자유함 가운데 머물게 하셨다. 나는 주님의 자비로운 결정에 순종했다.

희령, 나의 아내

미국에서 공부하던 6년 동안 참 좋은 그리스도인들을 많이 만났다. 그 가운데는 평생의 반려가 되는 아내도 있다. 버클리로 유학을 온 지 1년쯤 지났을 때 독일 쾰른에서 공부를 하고 있던 윤희 누나에게 편지가 왔다. 윤희 누나는 ESF 관악회관에서 같이 성경을 공부했었다. 누나는 여기에 아주 좋은 자매가 있는 데 서로 편지하면서 격려하는 친구가 되어보는 게 어떠냐고 했다. 나는 말과 행동은 느리지만 글은 빨리 쓰는 편이라 곧바로 답장을 했다. 그 자매는 박희령, 첼로를 전공하는 음악도였다.

편지는 순수했다. 주로 신앙, 교회, 공부, 주위 사람들, 일상에 대해 썼다. 편지를 쓰면 생각이 정리되고 위로도 받고 반성도 하게 되어 글이 점점 길어졌다. 그때 내가 아내에게 썼던 편지다.

> 포릇한 하늘에서 내리쬐는 은빛으로 부서지는 아침 햇살. 가끔씩 아주 가끔씩 살랑이는 갈색으로 물든 침묵의 나뭇잎들. 고요 속에 한 줄기 선율로 잠든 영혼을 깨우는 가녀린 피아노 소리.
> 지금은 예수님이 부활하신 주일 아침입니다. 어제는 학기 마지막 날이었습니다. 저녁에 호젓한 극장에서 영화 두 편을 보았습니다. 하나는 〈우르가〉(Close to Eden), 또 하나는 〈생쥐와 인간〉(Of

Mice and Man)이었습니다.

첫 번째 영화는 칭기즈칸의 후예인 몽고인 한 가정이 넓은 초원에서 자연을 음미하며 소박하게 사는 모습을 그린 러시아 니키타 미할코프 감독의 작품이었는데, 사회주의 혁명 아래 비환을 가진 러시아 운전사가 등장해 전통과 도시의 문명과의 갈등을 그려냅니다. 지금은 그 넓은 초원에 공장이 들어서서 lost paradise(잃어버린 낙원)가 되었답니다.

두 번째 영화는 미국 초창기 때 목장을 떠돌아다니며 일하는 두 사람을 그린 영화입니다. 한 사람은 약간 지적장애가 있어 다른 친구가 항상 돌봐줘야 하지요. 힘이 세고 큰 사람은 쥐, 강아지, 토끼 등을 아주 좋아한답니다. 다른 인간들에게는 바보라고 따돌림을 받지만 친구 조지만은 생명을 같이하는 친구지요. 결국은 이 세상에 적응하지 못하고 죽어야 했답니다. 인간의 외로움, 사랑, 비열함 등을 그리고 있지요.

잠시 후면 후배들을 데리고 교회에 갑니다. 인간의 본질적인 외로움, 슬픔, 소외 그리고 사회와 문명의 모든 악을 우리 예수님만이 치료하실 수 있다고 저는 확신합니다.

크리스마스가 오면 저는 항상 어린 날을 기억합니다. 슬픔과 어둠 속에 빛나는 소망이 교차하는 그런 인상이지요. 사회의 구석에 버려진 나의 친구들을 생각하면 가슴이 아파오고 낮은 몸으로, 아주 힘없는 몸으로 이 땅에 태어난 아기 예수님을 생각하면 평안과 힘이 솟아납니다. 우리에게 눈물과 기쁨은 동시에 존재하는 하나님의 선물인지도 모르겠어요.

자매님, 크리스마스엔 교회에서 많은 교제 가지시고 첼로에 그대의 영혼을 실어 우리 예수님을 찬양하세요. 빈 몸으로 말구유에 오신 우리 친구를 자매의 삶의 몸짓으로 표현하세요. 저도 그럴게요. 1993년에는 그대의 영혼이 더욱 깊어지며 주 안에서 맑아지도록 기도합니다.

Your brother

이듬해 무척 아파서 며칠 누웠다가 일어났을 때는 이런 편지를 쓰기도 했다.

이렇게 밤이 깊은 시간에는 무엇을 생각하시나요?
흑막을 가로지르며 떨어지는 별들을 보며 어느 땐가 모든 것이 낯설어지는 밤을 지새운 적이 있으신가요. 몇 년이나 지나다녔던 골목골목에 서 있는 이름 모를 나무들과 자주 지나쳐서 낯익은 이웃 사람들, 기억 속에 뚜렷이 떠오르는 고향 사람들, 가슴이 저미도록 보고 싶은 어머니 얼굴. 이 모든 것이 달빛이 되어 침대 맡을 환히 비추는 그런 뒤척이는 밤을 보내신 적이 있나요.

칫솔질을 하며 들여다본 거울 속에 비친 나의 얼굴이 내가 아닌 듯한 느낌을 가지신 그런 적은요. 어릴 때 봄볕 아래 누워 감기는 눈으로 보던 파란 하늘의 구름과 먼 이방 땅 책상 위로 보는 뭉게구름이 다르다고 느끼신 적은 있나요. 종잡을 수 없는 마음의 흔들림으로 천정을 바라보고 누워 손가락도 움직일 힘이 없는 절망에 처하신 적이 있나요.

아! 산다는 것이 양 어깨를 무겁게 누르는 그런 날이 있으신가요. 저는 1년에 몇 번씩은 이런 밤과 날들이 있답니다. 오늘 밤이 그런 날이지요. 날개짓으로 창공을 날고 싶은, 한없이 자유롭고 싶은 그런 날이었답니다.

어떻게 지내세요? 그곳은 푸르름이 솟아나는 4월이겠군요. 생명을 지닌 파란 나무와 꽃들, 그들은 말이 없지만 생의 향기를 지녔지요. 가슴에 생명과 사랑을 지닌 사람들처럼요. 강한 듯한 자신이 어느 날에는 한없이 약한 존재임을 발견합니다. 그러면 다시 무릎을 꿇고 침잠하는 기도로 들어가지요. 영적 고독, 하나님과의 대화, 영혼의 소생, 이것은 제 평생에 반복될 거예요. 희령 자매님, 잘 지내세요. 저처럼 약해지지 마시고요. 내일 아침이면 내 영혼이 금빛 햇살 아래 깨어나길 기도하며 주님의 사랑을 전합니다.

인강

편지가 독일로 배달되는 데 두 주 정도 걸리고 또 그만큼 기다리면 희령 자매의 짧은 편지가 도착했다. 그녀의 편지는 착하고 겸손했다.

보내주신 편지 잘 받았습니다. 항상 많은 힘이 되고 위로가 됩니다. 지금 독일은 축제 기간입니다. 사람들이 화려하게 혹은 무섭게 각양각색으로 분장을 하고 거리로 나옵니다. 이런 날이면 더 쓸쓸하게 느껴지는 것은 외국생활이라 그런가봅니다.

… 요즘 교회에 가면 항상 저번에 편지에 하신 말씀을 떠올려봅니다. 제 영혼을 통해 주님을 찬양하라는 그 말씀이 큰 힘이 됩니다. 제가 할 일이 무얼까 생각하기도 하고, 내가 꼭 필요한 사람인가 하는 생각도 하고요. 아무튼 그런 날이면 인강 형제님이 하신 말씀들을 기억하면서 진정한 그리스도의 삶을 살려고 노력합니다. 전 항상 제가 많이 부족한 인간임을 알고 스스로 고백합니다. 지나친 겸손은 오히려 교만이라고 합니다만 전 정말 겸손해서가 아니라 있는 그대로를 말할 뿐입니다.

제가 더욱 힘과 용기를 가지고 살아갈 수 있도록 기도 부탁드립니다. 특별한 이유 없이 요즘 많이 좌절됩니다. 도전할 용기가 생기지 않습니다.

인강 형제님! 건강하세요. 이제껏 지켜주신 하나님께서 오늘도,

내일도, 형제님을 지켜주실 겁니다. 안녕히.

박희령 드림

  우리는 5년 동안 편지를 나누었다. 기쁠 때나 힘들 때나 한 통의 편지에 생각과 기도를 담아 보내고 서로에게 힘을 주었다. 얼굴도 모르는 사람이었지만 예수님께서 우리를 무조건 사랑하셨던 것처럼 나도 희령 자매를 조건 없이 사랑할 수 있다는 확신이 들었다.
  크리스마스 즈음 파리에서 열리는 학회에 참석하는 길에 희령 자매를 그곳에서 한번 만나기로 약속했다. 마침 윤희 누나가 파리에서 살고 있었다. 희령 자매는 친구와 함께 파리로 왔다. 첫인상은 따뜻하고 유머가 있었다. 장애가 심한 편인 나를 대하는 태도도 가족처럼 자연스러웠다. 우리는 에펠탑에 올라가고 샹젤리제 거리도 걸었다. 나는 직감적으로 희령 자매가 하나님께서 예비하신 나의 반쪽임을 확신했다. 아니 그러길 간절히 소망했다. 나는 다음에 또 파리에 오게 되면 쾰른에 놀러가겠다고 말했다. 파리 북역에서 자정에 출발하는 기차를 타면 쾰른으로 갈 수 있었다. 희령 자매가 고개를 끄덕였다.
  후에 아내에게 들은 말이다. 사실 내가 보낸 편지는 희령 자매의 친구들 사이에서 유명했다고 한다. 같이 돌아가며 읽기도 했다니까. 파리에서 나를 만난다고 했을 때 선배가 같이 와서 나를 선

보기로 했단다. 그 선배는 처음에 내 모습을 보고 깜짝 놀랐다고 한다. 생각보다 심한 장애인이라서. 그래서 아내를 향해 고개를 흔들었단다.

"이 교제 나는 반댈세."

그러나 같이 식사를 하고 얘기를 나누면서 그 선배가 마음을 바꿨단다.

"이 결혼 나는 완전 찬성일세."

버클리로 돌아오고 나서 순수했던 편지가 목적이 있는 편지로 바뀌었다. 편지에 내 어릴 적 얘기를 들려주고 우리 집 사정을 숨김없이 썼다. 편지지가 네 장, 다섯 장, 열 장으로 길어졌다. 이런 편지도 썼다.

> … 전형적인 한국 여인으로 모든 것을 감당하신 어머니를 통해 전 희생이 무엇인지 삶으로 보았어요. 한낮에 내리쬐는 태양빛 아래서 한숨을 돌리며 이마의 땀을 닦으시던 어머니의 모습은 지금도 생각하면 자꾸 눈시울이 뜨거워져요. 제가 이상적인 여인상으로 자기주장과 뚜렷한 꿈을 가진 사람을 말씀드렸던 이유는 어느 여인이든 저의 어머니같이 한 많은 삶을 살아서는 안 된다고 생각해서예요. 제 부인만큼은 자신의 꿈과 삶을 마음껏

누리고 어느 면에서나 남자와 동등한 권리와 삶의 태도를 가지고 살아가는 여인이었으면 해요. … 또 편지할게요. 제가 보내드린 노래도 불러보세요.

Love

마침 1995년부터 파리에서 열리는 학회에 자주 갈 기회가 생겼다. 앙리 푸앵카레 연구소에 두 달을 머물기도 했다. 하나님의 인도하심이었다고 확신한다. 나는 그것을 구실로 파리에 갈 때마다 쾰른에 있는 그녀를 방문했다.

자정에 기차를 타고 일곱 시간 동안 가면 다음 날 아침 일곱 시에 쾰른에 도착한다. 선잠이 깨어 내다보면 그녀가 역까지 마중 나와 손을 흔들어주었다. 우리는 유명한 독일식 돼지족발도 먹고 쾰른의 양조장에서 만든 맥주도 맛보았다. 스파게티 집과 몹시 짰던 빠에야 식당, 빵집들, 꿈처럼 빛나던 저녁 불빛 사이로 장난감같이 예뻤던 독일의 가게들. 우리는 쾰른대 연못에서 평화로이 헤엄치는 오리들과 놀러 나온 가족들 사이를 거닐면서 점점 서로를 의지하는 사이가 되었다.

내가 외로울 때마다 샌프란시스코의 넘어가는 해를 보며 듣던 베토벤의 〈황제〉를 그녀는 연습해서 내게 들려주었다. 그녀의 장점은 남을 먼저 생각하는 데 있었다. 자신의 공부와 첼로 연습보다 자신을 필요로 하는 친구들을 위해 시간을 아끼지 않았다. 밥을 해서 먹이고 집을 구해주고 아프면 병원에 데려가고 내일모레 시험이 있어도 기쁘게 남을 도와주었다. 사람들에게 먼저 다가가고 자존심을 내세우지 않는 그녀가 나는 정말 좋았다.

희령 주위에는 항상 사람들이 많았다. 내가 홀로서기에 익숙한 데 반해 그녀는 더불어 사는 삶에 익숙했다. 그로 인해 여러 가지 궂은일도 생겼지만 그렇다고 멈추지 않았다. 때론 이기적일 필요가 있을 때조차 그녀는 서슴지 않고 다른 사람의 입장을 택했다.

네덜란드의 마스트리트 대학을 나온 아내는 연주자로서는 비교적 늦은 고등학교 때부터 첼로를 시작했다. 유학기간 동안 생활비를 벌기 위해 식당에서 아르바이트를 하고 인쇄소에서 허드렛일을 했다. 독일에 있는 그녀의 집을 방문하고 나서야 나는 그녀가 그렇게 힘들게 사는 줄 처음 알았다. 기숙사처럼 여러 개의 방이 있는 2층에는 다른 한국 유학생, 타이완 학생, 미국 학생 네 명이 목욕탕과 작은 부엌을 공동으로 쓰고 있었다. 희령은 교회에서 유치부 교사와 찬양대 첼로 반주로 봉사를 했다.

그 뒤 파리에서 다시 만났을 때 우리는 하루 종일 파리 거리를 걸어다녔다. 피카소 박물관에서 뤽상부르 공원, 노트르담 성당 그리고 루브르 박물관까지 내 평생 그렇게 오래 걸었던 기억은 없다. 센 강에서 배도 타고 강변의 노점상과 작은 교회들을 구경하며 이름 모르는 음식을 맛있게 먹으며 우리는 오랫동안 이야기를 나누었다. 꽃집에 들어가 그녀를 위해 장미를 사기도 했다. 그때만 해도 불어가 미숙한 탓에 꽃집 주인과 말이 잘 통하지 않아 애를 먹었다.

어떤 사람들은 집안과 학벌, 외모 등을 고려하며 결혼을 한다지만 나는 전혀 그렇지 않았다고 감히 확신한다. 믿음의 사람들은 세상의 흐름을 거스를 뿐만 아니라 뛰어넘는 용기가 필요하다. 우리는 모두 결점투성이 인간들이지만 서로를 끌어안으려고 노력해야 한다. 특히 부부는 더욱 그렇다. 사랑은 좋은 감정으로 시작하지만 그 사랑을 완성하기 위해선 훈련과 인내가 필요하다. 사랑하는 사람의 입장에서 사랑하는 법을 배워야 한다. 우리는 누구를 사랑한다면서 때로는 하나님의 이름으로, 때로는 진리라는 이름으로, 심지어 사랑이라는 이름으로 상대를 구속하는 경우가 있다.

나는 희령과 사귀면서 기다림의 아름다움, 그리움의 아름다움, 상대가 존재하는 것만으로 행복해질 수 있는 사랑의 아름다움을 알게 되었다. 그녀가 녹음해준 차이코프스키의 〈녹턴〉과 막스 부르흐의 〈콜 니드라이〉, 엘가의 〈첼로 콘체르토〉, 슈베르트의 〈아르페지오네 소나타〉 등을 들으며 시리도록 아름다운 인생을 느꼈다. 버클리 근처 에머리빌 공원 잔디에 누워 나는 공부하고 책 읽고 그녀에게 편지를 쓰며 유학생활의 마지막을 보냈다. 비록 외롭고 힘들었지만 하나님께서 축복하신 사랑의 나날을 누릴 수 있었다. 나는 희령에게 아주 긴 편지를 썼다. 당신과 함께 남은 인생길을 같이 걸어가고 싶다는 결혼 신청이었다.

8. 기쁨공식

나는 거친 펜을 만들어
맑은 물을 적셨습니다
그리고 나의 기쁜 노래를 적었습니다
모든 아이들이 기쁘게 듣도록
_〈천진의 노래〉 중 서시, 윌리엄 블레이크

기쁨공식

버클리에서 보낸 마지막 해에는 IVF 소속인 GCF(Graduate Christian Fellowship) 형제자매들과 함께 성경공부를 했다. 한동안 중국 선교사로 가 있었던 화학과의 댄과 통계과의 존, 하와이에서 온 신학생, 현재는 USC의 교수가 된 변호사 출신의 정치과 학생, 이렇게 넷이 주로 모였다. 우리 집에서 내가 대접할 수 있는 것이라고는 따뜻한 재스민 차와 블랙베리 차밖에는 없었지만 우리는 열심히 성경공부를 하며 서로의 장래를 위해 기도해주었다.

나는 다양한 그리스도인의 공동체를 경험하면서 기쁨이 넘치는 신앙생활을 해야 예수님의 멍에가 가벼워지는 것을 알았다. 신앙은 혼자서 도를 닦는 것이 아니다. 예수님께서 "내 기쁨이 너희 안에 있어 너희 기쁨을 충만하게 하려 함이라"(요.15:11)고 말씀하신 것처럼 무엇이든 기쁨 없이는 율법적이고 수동적이며 생명력을 잃은 박제화 된 신앙만 남게 된다.

    내가 중학교에 다닐 때 아주 원초적인 용어로 나를 놀려대던 녀석들이 있었다. 장애인들끼리 있던 재활원에서는 이런 일로 마음을 다치는 일은 없었다. 그러나 일반 중학교로 진학하고 나서는 목발을 짚고 다리를 끌며 가는 나는 어디서나 애들의 시선을 받았다. 동정의 시선도 있고 호기심의 시선도 있고 경멸의 시선도 있었다. 그 눈초리가 무엇이었던 간에 나는 견디기 힘든 모욕감을 느꼈다.
    평상심을 유지하려면 그들을 무시할 수밖에 없었다. 그건 쉬운 일인가? 사람들의 눈총을 받아내려면 무감각을 연습해야 했다. 뜨거운 물속에서 '이건 안 뜨겁다'고 주문을 외우는 것과 같았다. 정신력으로 견딘다고 해도 살이 데고 상처가 남는다. 상처 위에 다시 상처가 덧입혀져 무감각해질 때까지 버티는 동안 어느덧 내 마음은 딱딱해지고 얼굴에선 웃음이 사라졌다.
    대학에 들어와 성경공부를 하다가 예수님이 십자가에 달리기 전에 온갖 모욕을 당하시는 구절들을 읽었다. 마치 내가 당하는 것 같았다. 헤롯은 무슨 굉장한 이적이라도 행하는 걸 볼까 하여 예수님을 구경거리로 삼았고 대제사장들과 서기관들은 예수님을 힘써 고소했다. 로마 병사들은 예수님의 뺨을 때리고 침을 뱉고 희롱하고 업신여겼다. 예수님은 십자가에 달리신 뒤에도 강도와 지나가던 자들에게 비웃음을 당하셨다. 그런데 그렇게 모욕을 준 사람들에게 예수님이 하신 말씀이 내 가슴을 쳤다.

"아버지 저들을 사하여주옵소서 자기들이 하는 것을 알지 못함이니이다"(눅 23:34).

완전한 용서, 완전한 사랑이었다.

어떻게 이것이 가능하단 말인가? 이 세상에 구세주로 오신 분이 당해야 할 모욕이 아니지 않은가. 온몸이 찢겨 인간이 상상할 수 없는 고통 가운데 죽음을 목전에 두신 분이 할 수 있는 말이 아니지 않은가. 결론은 '무한한 사랑'이었다. 사실 '무한' 이란 단어는 '유한' 한 인간은 이해할 수도 없고 적용할 수도 없는 말이다. 그러나 무한차원에 계신 하나님에게는 당연한 숫자다. 무한한 사랑, 무한한 용서는 하나님의 용어다. 인간의 몸을 입었지만 하나님이신 예수님에게는 이 무한대의 사랑이 가능하다.

하나님께 접붙여진 순간 나는 아버지를 용서했다. 나를 보고 놀렸던 아이들도 용서했다. 그러고 나서야 웃음이 회복되었다. 막혀 있던 기쁨의 샘들이 터졌다.

하박국 선지자도 그랬듯 우리는 이 지구상에서 벌어지는 악함과 부조리를 보고 절망한다. 세상만 악한가. 날 때부터 죄인인 인간은 더욱 악하고 나 자신은 더더욱 악하다. 내가 행하는 것을 내가 알지 못할 때, 곧 원하는 선은 행하지 않고 도리어 미워하는 악을 행할 때 나는 바울이 고백했듯이 "오호라 나는 곤고한 사람이로다 이 사망의 몸에서 누가 나를 건져내랴"(롬 7:24)고 탄식한다. 하지만 세상의 죄와 교만이 아무리 크더라도 그것은 유한하다. 서슬이 퍼렇던 절대왕조도 사라지고 끔찍했던 독재자들도 모두 죽었다. 이념들도 사라지고 전쟁도 끝이 난다. 슬픔도, 절망도, 회한도, 모욕도 다 잊힌다. 이 세상에 존재하는 악이 유한하다는 사실에 나는 희망을 갖는다.

더욱 희망적인 것은 유한한 그것들을 무한한 하나님의 사랑으로 나누면 제로가 된다는 사실이다. 놀라운 반전이다. 이 세상을 흠 없고 죄 없는 천국으로 바꿀 수 있는 것은 하나님의 무한한 사랑뿐이라는 증거다.

내게는 성경이 가르쳐준 '기쁨공식'이 있다. 수학자들은 공식이나 법칙을 만들어내는 데 명수다. 예수님이 마가의 다락방에서 하신 말씀이다.

"내가 이것을 너희에게 이름은 내 기쁨이 너희 안에 있어 너희 기쁨을 충만하게 하려 함이라 내 계명은 곧 내가 너희를 사랑한 것같이 너희도 서로 사랑하라 하는 이것이니라"(요 15:11-12).

수학적 공식으로 환원하자면 이렇다. 기쁨을 변수 y에 의존하는 함수라고 하면 아래와 같다.

$$기쁨(y) = y \cdot (하나님의 사랑)^{\{y의\ sign\}}$$

위의 수식 중 {y의 sign}의 의미는 ±1인데 죄와 관련된 부정적인 요소는 마이너스로, 긍정적인 것은 플러스로 정의한다. 예를 들면 다음과 같다.

$$기쁨 = (세상의\ 죄악) \cdot (하나님의\ 사랑)^{-1} = 0$$
$$기쁨 = (서로\ 사랑,\ 믿음) \cdot (하나님의\ 사랑)^{+1} = \infty$$

즉 하나님의 무한한 사랑이 세상의 부조리나 죄 혹은 죄인을 만나면 그것을 나눠버려 죄 사함과 용서, 흠 없는 자녀로 만든다. 또 하나님의 무한한 사랑이 서로 사랑하기를 실천하는 사람과 사회를 만나면 세상이 빼앗을 수 없는 무한대의 평강과 기쁨을 가진 하나님의 백성, 천국을 만든다는 공식이다.

하나님의 사랑은 수학에서 사용하는 디락 델타(Dirac delta) 함수와도 같다. 디락함수는 원점에서 무한대이고 나머지 점에서는 0인 함수로 실수 상에서 적분 값은 1인 초함수(Distribution)다. 하나님의 사랑은 원점 이외의 점에서 죄성을 만나면 그것을 0으로 만들어버리고, 아름다운 주의 공동체를 만나면 무한의 사랑으로 배가되어 우리에게 기쁨을 충만하게 한다.

신앙생활은 혼자서는 할 수 없다. 예배만 살짝 드리고 돌아가면 기쁨이 적다. 교회 안에서, 공동체 안에서 서로 사랑할 때 기쁨은 무한대로 커진다. 교회나 신앙의 공동체가 완벽한 곳은 아니다. 거기엔 별별 사람이 다 모인다. 말도 많고 상처도 많다. 그럼에도 불구하고 성도들은 모여야 한다. 셀 모임도 갖고 봉사도 해야 한다. 그래야 그 안에서 예수님을 덧입어 형제 사랑하기와 용서하기를 배운다.

사랑의 적분 값이 항상 1이라는 것도 은혜다. 하나님의 사랑은 그분을 모르는 인류에게도 항상 비치고 있어 전체적으로 보면 그분의 은총이 하나님의 백성에게만 국한된 것이 아니라 이 세상의 모든 이, 모든 나라, 모든 민족에게 골고루 베풀어지고 있다는 것을 의미한다. 즉 하나님의 사랑이 모든 사람에게 열려 있지만 그 사랑을 받아들이지 않는 사람들에게는 아무 효과가 나타나지 않아 0인 것처럼 보인다. 물론 그 사랑을 받아들이면 무한의 효과가 나타나 구원에 이르는 기적을 경험하게 된다.

하나님을 우리의 전유물처럼 생각하는 것은 주님의 무한대 사랑을 모르는 좁은 소견일 뿐이다. 여호와는 가난한 자와 포학한

기쁨공식 : 하나님의 무한한 사랑이 세상의 부조리나 죄 혹은 죄인을 만나면
그것을 나눠버려 죄 사함과 용서, 흠 없는 자녀로 만들고, 서로 사랑하기를
실천하는 사람과 사회를 만나면 세상이 빼앗을 수 없는 무한대의
평강과 기쁨을 가진 하나님의 백성, 천국을 만든다는 공식.

자 모두의 눈에 빛을 주신다고 했다. 죄인들, 악인들, 예수님을 모욕하고 핍박하는 사람들, 주님을 알려고도 하지 않는 사람들이 그들이다. 그들 안에 내가 있었고 그런 나를 사랑하신 예수님 때문에 나도 용서하고 사랑할 수밖에 없었다. 미움과 분노가 사라진 곳에는 기쁨이 샘물처럼 고였다. 형제들과 그 기쁨을 나누었다. 기쁨이 배가 되었다.

1996년 5월, 미국으로 온 지 6년 만에 박사학위를 받았다. 나는 연약했으나 내가 믿는 주님은 전능하셨다. 나는 또 다른 선한 예비하심을 기다리며 한국으로 돌아갈 준비를 했다.

음악회 여는 수학과 교수

한국에 돌아와 이듬해 카이스트 교수로 발령받았다. 남보다 뛰어난 것이 없었지만 그곳 교수님들이 나의 장래를 보고 잘 대해주셨다. 특히 나를 신뢰해주신 명효철 교수님을 잊을 수 없다. 비록 지금은 작고했지만 내게 베풀어주신 배려에 진심으로 감사를 드린다. 그분이 우리나라의 기초과학, 특히 고등과학원의 설립에 쏟은 정열과 노고를 나는 영원히 기억할 것이다.

그 당시 인기를 끌던 〈카이스트〉라는 드라마가 있었다. 덕분에 카이스트는 과학의 천재들이 다니는 학교로 알려지게 되었다. 실제로도 천재적인 학생들이 많았다. 대부분의 학생들이 밤 세네 시까지 공부를 하다가 낮에는 늦게까지 잤다. 학교에서도 주로 연구실에만 있으니까 대낮의 캠퍼스는 인적마저 드물었다. 어렸을 때부터 과학이나 수학 위주로 공부를 하고 과학고와 같은 특수고등학교를 다닌 탓인지 총명했지만 고집이 세고 자존심도 강했다. 괴짜들도 있었고 남과 어울리는 것이 서툰 학생들이 눈에 띄었다.

혼자 있는 것에 너무 익숙해지면 마음과 영혼에 문제가 생기기 쉽다. 결혼을 하거나 사회에 나가서도 혼자 있는 걸 더 편안하게 여겨 부부나 동료들 사이에서 잘 지낼 수 없게 된다. 축제마저 과학 쪽에 치우쳐 있는 것을 보고 이런 분위기가 학생들의 정서에 바람직하지 않다는 것을 느꼈다. 실제로 학생들 중에는 술이나 게임에 빠지거나 해커가 되는 이들도 있었다.

우선 내 밑의 학생들과 함께 '수학과 음악의 밤'이란 행사를 기획했다. 주말 밤 일곱 시 2층 식당에서 피아노, 바이올린, 플루트 연주회를 열었다. 악기를 연주하지 못하는 학생들은 노래를 불렀다. 다른 교수님들도 초청해 기타 독주도 했다. 반응은 꽤 좋았다. 송년회 때 초청 받아 연주회를 갖기도 했다.

지금까지 학생이었던 사람이 갑자기 교수로 신분이 바뀌자 처음엔 어색했다. 하지만 그동안 해왔던 대로 학생들의 고민을 들어주고 진로도 상담해주며 최대한 열려 있는 선생이 되려고 노력했다. 버클리의 지도교수였던 캐슨 교수는 세계적으로 유명한 학자였지만 누구보다도 학생들을 잘 가르쳐주었다. 그는 학부 1학년 과목이라도 항상 수업에 들어가기 전에 칠판에 가르칠 내용을 죽 써보곤 했다. 그를 보며 학자와 교수가 어떤 태도를 가져야 하는지 배웠다. 나도 인내심을 가지고 학생들을 가르치고 그들이 학문에 겸손하고 올바른 자세를 갖도록 이끌어주려고 노력했다.

카이스트에서 만났던 제자들 가운데는 외국의 좋은 대학에 진학해서 전문가가 되거나 유명한 금융회사의 부사장이 된 사람도 있다. 그러나 소위 잘 풀리지 못해 고생하는 제자들도 있다. 내 마음은 그런 제자들에게 더 쏠린다. 선생의 마음이다. 이젠 중년에 들어선 그들이 부디 자기 길을 잘 찾아가기를 빌어본다.

집 근처에 새누리 교회가 있었다. 「죽으면 죽으리라」(기독교문사)는 책을 쓴 안이숙 사모님과 김동명 목사님이 시작하셨던 침례교회다. 나는 그 교회에 출석해서 성도들과 좋은 교제를 나누었다. 이 교회에는 자신들의 신앙을 삶에 구체적으로 적용하려고 노력하는 성도들이 많았다. 어떤 분은 교도소 선교를 하고 어떤 분은 집 없는 아이들을 두 주에 한 번씩 자기 집에 데려와 같이 지내기도 했다. 새로 교회에 등록한 사람들을 신앙의 기초부터 차근차근 잘 가르쳐주었다. 복음의 능력이 말에 있지 않고 행함을 동반하는 것임을 실천하는 교회였다.

좋은 교회도 정하고 학교에서도 적응을 잘했지만 결혼이라는 문제가 걸려 있었다. 나보다 조금 늦게 귀국할 예정이던 희령은 많은 생각에 잠겨 있었다. 어떤 사람들은 사랑하면 결혼하라고 했고 어떤 사람들은 결혼은 꿈이 아닌 현실이라며 그녀를 말렸다고 한다. 마침 그녀의 부모님이 희령이 공부하고 있는 곳에 오셔서 함께 융프라우에 가기로 했다기에 이렇게 말씀드려보라고 슬쩍 조언했다.

"높은 데서 내려다보니까 아래에 있는 게 아무것도 아니지요? 우리 인생도 이럴 거예요. 아마 순식간에 지나갈 거예요."

이 말을 과연 아내가 했는지는 잘 모르겠다. 하지만 희령의 부모님은 고맙게도 결혼 결정을 희령에게 맡겨주셨다.

"나중에 후회하지 않고 책임질 수 있으면 네 의사를 존중하겠다."

희령의 오빠인 박형동(현 서울대 교수) 교수는 나를 알고 있었기에 내 편에 서주셨다. 외할머님도 내 눈이 맑다고 하며 결혼을 찬성해주셨다. 얼마나 고맙고 감사한지 모른다.

우리는 하나님과 가족들과 주위 사람들의 축복을 받으며 결혼식을 올렸다. 대전에서 최화복 선생님이 올라오셨고 재활원 친구

전화도 축하를 해주러 멀리 창원까지 와주었다. 당시 아내는 창원 시립교향악단에서 첼로 연주자로 일하고 있었다. 우리는 경주로 신혼여행을 갔다.

그 후 기회가 있을 때마다 아내와 나는 여행을 했다. 마르세유 근처에 한적한 섬이 있었다. 한쪽은 파랑, 한쪽은 빨강, 그 옆은 초록으로 물든 고요하고 아름다운 곳이었다. 언젠가 아이들이 크면 다시 와서 몇 주 머물고 싶었다. 우리는 한국의 생선찌개 같은 부야베스를 맛있게 먹고 모로코까지 지중해를 따라 기차 여행을 했다. 그곳에서 스페인의 고속열차인 탈고(talgo)를 타고 바르셀로나로 갔다. 탈고는 프랑스와 스페인을 잇는 기차인데 스페인에 들어서자 기차의 바퀴 폭을 바꾸느라 한참을 정차했다. 거기서 가우디의 걸작인 성 가족 성당(Sagrada Família)을 보았다. 그 문 앞에는 베드로가 예수님을 세 번 부인하고 통곡하는 장면이 새겨 있었다. 아마도 인간의 연약함과 그것까지도 끌어안으시는 하나님의 사랑을 강조한 것 같았다.

그 후에는 독일 남부를 여행했다. 눈에 덮인 하얀 들판을 느린 기차로 가로질러 갔다. 마차를 타고 노이슈반슈타인 성을 구경했다. 그 주위에서 하룻밤을 지냈는데 집주인 할머니는 덩치가 크고 험악하게 생겼지만 마음이 착했다. 할머니는 아침에 기차에서 먹으라고 삶은 달걀을 싸주셨다. 그런데 기차 안에서 달걀을 까려고 유리창에 톡톡 쳤더니 날계란이 왈칵 쏟아졌다. 얼마나 웃었는지 모른다.

어린 시절 학교도 못 가고 집에만 있을 때 나는 문밖으로 나가고 싶었다. 엄마나 누나가 업어줘야만 갈 수 있었던 동네 마을 길. 그곳만이라도 나가보길 얼마나 간절하게 바랐던가. 엄마 등에 업혀 병원에 갈 때도 길가에 핀 노란 꽃들이 바람에 흔들리는 것이 참 아름다웠다. 철없이 엄마에게 꽃을 꺾어달라고 조르기도 했다.

나는 「어린왕자」를 읽으며 세계를 훨훨 돌아다니는 꿈을 꿨었다. 복숭아밭에서 올려다보던 하늘 아래 마을 길 너머에 있는 아주 먼 나라들을. 그땐 도저히 이룰 수 없는 꿈이었는데 20년 뒤 나는 정말 세계를 돌아다닐 수 있게 되었다. 그것도 사랑하는 아내와 함께. "믿음은 바라는 것들의 실상이요 보이지 않는 것들의 증거"(히 11:1)라는 말씀이 옳았다.

내게 묻는 것 세 가지

카이스트로 온 지 3년 후 서울대로 거처를 옮겼다. 처음에는 제의를 거절했다. 조용하고 잘 정돈된 대전을 떠나 소음과 공해, 비싼

물가가 기다리는 서울로 오기가 망설여졌다. 하지만 광야 같았던 그 캠퍼스에서 내가 할 일이 있을 것 같았다. 2000년 가을 학기부터 서울대 수리과학부에서 강의를 시작했다. 동시에 내 사무실을 개방해 성경에 관심 있는 학생들과 함께 성경공부를 했다. 죽음의 고통을 겪었고 간절히 신을 찾았으며 하나님을 영접하고 용서와 사랑을 배웠던 그 시절의 나와 같은 학생들이 있다면 그들에게 조그마한 희망이 되고 싶었다.

나는 학생들에게 다니엘과 같이 심지가 곧은 그리스도인이 될 것을 강조했다. 어떤 상황 속에서도 모든 것을 하나님 앞에 상대화 할 수 있는 믿음과 하나님이 우리 안에 계심과 우리가 예수님 안에서 하나 되는 공동체의 사랑과 섬김 그리고 살아 있는 구체적인 믿음의 실천에 대해 같이 고민했다. 대학 시절은 희망과 좌절이 혼돈된 시기다. 그들이 절대 진리인 로고스의 말씀으로 가치관을 가지고 자신의 미래를 하나님과의 관계 속에서 설계하도록 돕는 것이 얼마나 큰일인지 모른다.

캠퍼스는 평온해 보였다. 영원히 끝나지 않을 것 같았던 최루탄과 전경, 데모대와 구호로 가득 찼던 아크로폴리스에는 우리 때보다 월등히 세련되고 훤칠한 학생들이 무심히 지나치고 있었다. 그들이 밟고 다니는 저 계단 위에서 더 나은 세상을 향해 우리 세대가 부르짖었던 외침과 고뇌와 몸부림을 지금의 학생들이 알고는 있을까. 하기야 우리 아버지 세대가 겪어냈던 참담한 역사와 그분들이 흘렸던 땀과 피와 눈물을 우리가 기억하지 못하는 것과 같을 것이다.

하지만 세상을 바꾸겠다는 큰 목표가 사라진 곳에는 개인주의와 성공제일주의, 연애지상주의 같은 다른 가치관들이 들어와 차지하고 있었다. 그 안에서 학생들은 여전히 방황했고 지나치게 경쟁하며 상처 입고 서로 소외되었다. 무엇보다 자신들이 가야 할 길에 대한 확신이 부족했다. 스스로 계획을 세우고 나가야 하는 나이가 되었는데도 아직 엄마 치마폭에 싸여 있었다.

나와 같이 다리를 쓰지 못해 휠체어를 타고 다니던 한 학생과 그의 어머니 생각이 난다. 장애인 주차구역에 차를 대다보니 이들 모자와 자주 마주치게 되었다. 그 학생의 어머니는 내 차를 정성껏 닦아주셨다. 어느 날 학생의 어머니는 내게 물으셨다.

"어떻게 하면 우리 아들도 교수님처럼 될 수 있나요?"

내가 웃으면서 대답했다.

"멀리 외국으로 공부하러 보내세요. 혼자서."

학생의 어머니는 낙심한 얼굴을 하셨다. 장애가 있건 없건 성인이 되어서도 홀로 서지 못하면 진짜 자기 인생을 시작하지 못한 것이다. 사람은 뒤로 물러설 곳이 있으면 절대로 앞으로 나가지 않는다. 머물 곳이 많다는 것은 축복인 동시에 화(禍)이기도 하다.

10년 만에 돌아온 모교에서 학생들을 가르치며 느낀 것은 인간 불행의 절대량은 불변하다는 것이었다. 전쟁과 가난이 있던 시절이나 독재정치만 종식되면 바랄 것이 없었던 시절보다 평온하지만 하나님에 대한 무관심이 팽배한 지금, 복음이 더욱 절실했다. 우리를 지으신 이를 알아야 살아야 할 이유를 알게 되고 그것을 알아야 어떻게 살아야 할 것인가에 대해 확신이 생기기 때문이다.

요즘 소명이란 말을 많이 한다. 그런데 그 의미가 직업 찾기로 축소된 듯하다. 소명이란 하나님 앞에서 뜻을 정하고 사는 삶이다. 소명의 궁극적인 목적은 예수님을 닮아가는 것이다. 직업은 평생을 살며 바꿀 수도 있다. 그러나 나의 나 됨은 쉽게 바꿀 수도 없고 얻을 수 있는 것도 아니다. 경건을 훈련하고 말씀을 따라 욕심과 죄를 절제하며 게으르지 않고 맡겨주신 일에 충심을 다해 나아갈 때 변화가 있다.

매일 나에게 묻는 것 세 가지가 있다. 첫 번째는 경건함이다.
내게 일생 가이드가 된 성경은 다니엘서다. 대학에 다닐 때에는 바벨론 왕궁의 진미를 거부한 그를 따라 술과 담배, 커피와 연애를 스스로 금하고 신앙생활과 공부에만 정진했다. 이것이 다른 사람들에게 너무 고지식하게 보일지 모르겠다. 그러나 "하나님은 나의 심판자"라는 뜻을 가진 다니엘의 순수함을 따라가고 싶었던 나의 결심을 하나님은 받아주셨다.

나는 믿음이 무뎌질 때마다 영혼을 숫돌에 가는 심정으로 다니엘서 6장을 읽는다. 왕 이외에 다른 신이나 사람에게 절하는 자는 사자 굴에 던져 넣는다는 조서에 왕이 도장을 찍은 줄 알면서도 다니엘은 집으로 돌아가 전에 행하던 대로 하루 세 번씩 무릎을 꿇고 기도했다. 그를 고소한 자들이 뻔히 지켜보는 가운데 예루살렘으로 향한 창문을 활짝 열어놓고서. 결국 그는 사자 굴에 던져졌지만 하나님이 초자연적으로 개입하여 사자의 입을 봉하셨다. 그의 경건함이 세상을 이긴 것이다.

하나님의 초자연적 기적이 우리 삶에 임하려면 자연적인 일상이 경건해야 한다. 나에게 30일, 아니 3분만이라도 하나님과의 교제를 끊으면 목숨을 살려주고 총리직도 계속할 수 있게 해주겠다고 하면 나는 어떻게 할 것인가. 이 물음에 답하기 위해 나는 매일 경건을 연습한다. 위기의 순간에도 하나님으로부터 눈을 돌리지 않는 담대함을 갖기 위해서다.

그 다음 내게 묻는 것은 순결함이다. 다니엘을 고소한 총리와 방백들은 그에게서 신앙 이외에는 아무 허물을 찾을 수 없었다.

> 이에 총리들과 고관들이 국사에 대하여 다니엘을 고소할 근거를 찾고자 하였으나 아무 근거, 아무 허물을 찾지 못하였으니 이는 그가 충성되어 아무 그릇됨도 없고 아무 허물도 없음이었더라 그들이 이르되 이 다니엘은 그 하나님의 율법에서 근거를 찾지 못하면 그를 고발할 수 없으리라 하고(단 6:4-5).

다니엘의 시대나 지금이나 하나님을 믿는다고 하면 세상 사람들은 더욱 기를 쓰고 우리의 허물을 찾으려고 한다. 그것도 거의 예수님과 같은 수준의 잣대를 들이댄다. 그런데 그들이 찾을 수 있는 우리의 유일한 허물이 하나님을 믿는다는 것밖에 없다면 이 얼마나 영광스런 죄목인가?

실망스럽게도 최근 조사에 의하면 개신교의 신뢰도가 가톨릭이나 불교에 비해 낮게 나타났다고 한다. 부끄러운 일이다. 나부터 회개하며 매일 스스로 점검한다. 아무리 지혜가 많고 높은 지위에 있고 믿음이 좋아 보여도 윤리적으로 문제가 있으면 하나님께서 쓰지 않으신다. 순결함이 행위로 나타나는 것이 윤리적인 삶이며 이것이 그리스도인이 드리는 산제사일 것이다. 이제 교회와 그리스도인은 윤리 문제에 목숨을 걸어야 한다. 한국교회의 미래가 여기에 달려 있다. 그렇지 않으면 하나님께서 친히 움직이실 것이다.

세 번째로 "하나님께서 맡기신 일에 최선을 다했는가"라고 스스로에게 묻는다. 다니엘은 지혜가 뛰어났다. 벨사살 왕은 그에게 "네 안에는 신들의 영이 있으므로 네가 명철과 총명과 비상한 지혜가 있다"(단 5:14)라고 말했다. 하나님을 믿는 청년들이 신앙생활과 공부에 시간을 집중한다면 당연히 우수한 학생이 될 것이다. 꿈은 있지만 실력이 뒷받침되지 못하면 조롱거리가 되기 쉽다. 사회에 나와서도 마찬가지다. 자기가 맡은 일만큼은 탁월하게 잘해야 한다. 특히 학문의 길로 들어서려는 사람은 학업이 이기적인 목적이 아닌 선한 도구로 사용될 것을 기대하며 아름다운 꿈을 가져야 한다.

나는 세계의 유명한 학자들을 만날 기회가 많다. 가끔 그들 중엔 인격과 성격이 괴팍하기로 이름난 사람들이 있다. 학회나 세미나 도중 연사를 공개적으로 모욕하는 경우도 종종 본다. 그런데도 실력이 있으면 그들의 모난 인격이 대체로 용납되고 어떤 경우에는 그런 점으로 인해 천재성이 더 빛나 보이기까지 한다. 저녁식사 시간에 학자들이 심심하지 않도록 가십거리를 제공해줘서 한편 고맙기도 하지만 그것이 사실 썩 유쾌한 일은 아니다.

그런가 하면 인격적으로 훌륭하고 실력 있는 학자들도 있다. 인생의 목적이 어디에 있느냐에 따라 인간성이 다르게 드러나는 것 같다. 오직 자기 분야에서 성공하고 인정받는 것이 인생의 목표라면 인격의 완성이나 공동체에서 다른 사람들과의 어울림은 개의치 않을 것이다. 하지만 자아가 하나님으로부터 멀어져 뒤틀리고 왜곡되는 것을 학문의 이름으로, 유명한 학자라는 이유로 정당화할 수는 없다.

나는 남들보다 뛰어나지 못한 한낱 작은 자다. 낮은 자리에서 사회의 냉대와 차별, 가난과 질병으로 고통당한 적이 많았다. 같이 공부를 하던 동기들 중엔 참으로 똑똑한 이들이 많았다. 때로는 그들에 비해 나의 능력이 너무도 적다는 생각에 우울해지는 때도 있었다. 그러나 나는 하나님으로부터 성실하게 공부하되 자족하는 법을 배웠다. 내가 할 수 있는 만큼 행하며 내가 가진 만큼 사람들을 섬기는 것이다. 공부 역시 내가 할 수 있는 만큼 하지만 온 맘을 다한다. 경건하고 윤리적이며 때를 얻든지 못 얻든지 말씀을 전하며 실력 있는 학자가 되는 것, 이것을 나는 하나님을 믿는 자의 소명으로 삼았다.

우리는 본질적으로는 죄인인 동시에 예수님의 장성한 분량까지 이르러야 하는 소명이 있는 사람들이다. 가난하지만 가장 부요하고 고난 속에서 소망하고 결핍 속에서도 우리에게 모든 것을 주셨던 예수님. 무한의 사랑을 그 안에 간직하고 죽기까지 겸손하셨던 그분을 본받는 것이 우리의 소명일 것이다.

하나님으로부터 성실하게 공부하되 자족하는 법을 배웠다.
내가 할 수 있는 만큼 행하며 내가 가진 만큼 사람들을 섬기는 것이다.
공부 역시 내가 할 수 있는 만큼 하지만 온 맘을 다한다.
경건하고 윤리적이며 때를 얻든 못 얻든 말씀을 전하며 실력 있는
학자가 되는 것, 이것을 나는 하나님을 믿는 자의 소명으로 삼았다.

학자의 아주 가벼운 발걸음

아마도 우리나라처럼 교육정책이 혼란한 나라도 드물 것이다. 정권이 바뀔 때마다 손을 대다보니 입시 요강이 암호 해독을 할 정도로 어렵다. 예전엔 담임선생님과 면담 한 번으로 진로를 정했는데 지금은 따로 사설 컨설턴트에게 돈을 주고 상담을 받을 정도로 입시제도가 복잡하게 되고 말았다. 그렇다고 개인의 적성에 맞게 대학에 가는 것도 아니다.

교육정책은 양질의 학생을 배출하기 위한 제도와 모든 사람을 교육시켜야 하는 제도가 분리 및 병합을 이루어야 하는데 이 두 가지가 혼돈을 거듭하고 있는 실정이다. 어떤 때는 모두 평준화의 틀에 교육정책을 맞추고, 또 어떤 정권 아래서는 너무 엘리트 교육에만 초점을 맞춘다. 모든 사람이 영재교육을 받을 필요는 없다. 사회에 필요한 직업과 그에 적절한 교육이면 충분하다.

특별히 우리나라 교육은 명문대에 들어가는 것을 가장 큰 목표로 잡고 있는 듯하다. 매년 입시 때면 서울대에 몇 명 들어갔느냐로 전국 고등학교 순위를 매기는 듯한 기사가 나오기도 한다. 있을 수 없는 일이다. 누구나 자신의 능력과 적성에 맞는 직업과 직장을 가지고 행복하게 살 권리가 있고 또 얼마든지 행복할 수 있다. 문제는 사회의 시선이 그것을 용납하지 않는다는 데 있다.

그렇다면 소위 명문대학에서는 그 이름에 걸맞는 명문교육이 이루어지고 있는가. 그렇지 않다고 본다. 세계의 대학들과 비교해 손색없는 학생들을 배출하고 대학 본연의 의무인 진리탐구를 해야 하는데 우리나라 대학은 더 나은 직장과 더 나은 외국학교로 진학하기 위한 중간교육 과정 정도로 여겨지는 분위기다. 총명하고 성실하게 공부한 학생들이 들어오지만 그들 중에는 왜 대학에 왔는지, 왜 자기 전공을 정했는지 목표가 불분명한 학생들이 많다. 그들은 4년을 방황한다. 제대로 전공 공부도 못하고 대기업 취업준비와 고시공부를 하다가 겨우 졸업장을 받고 나간다. 얼마나 큰 인재의 낭비인가.

나를 비롯한 교수들의 문제도 있을 것이다. 새로운 분야의 장을 열고 우리의 독창적인 이론을 다른 나라에 수출하기보다 많은 경우 우리가 배워온 학문을 확대 및 재생산하고 있는 것은 아닌지 생각해본다. 하지만 단지 논문을 많이 쓰는 것과 같은 계량이 가능한 연구실적에 따라 승진과 정년보장, 연구비 등에 많은 제약과 불이익, 심지어 해고의 위협까지 당하는 것은 문제가 있다. 매사에 경쟁이 치열하다보면 너도 나도 잘 나가는 분야에 몰려 연구비와 언론의 집중을 받고 허황된 약속들로 서로를 속이는 일도 벌어진다.

대부분의 교수들이 학생교육과 연구, 행정 이 세 가지 일로부터 심한 압박을 받는다. 젊은 교수들은 승진 조건을 만족시키기 위해 밤늦도록 공부하고 자신의 창조성에 과부하를 걸고 있다. 당장 연구결과를 내놓아야만 한다는 초조감이 교수들을 자살로 몰고 가는 안타까운 경우도 있다.

특히 오랜 시간에 걸쳐 연구를 해야 하는 내 전공 분야에선 몇 년 내에 연구물을 내놓을수 없다. 사람들은 언제 노벨상을 받는지, 언제 필즈메달을 받는지에 관심이 많다. 그런데 이러한 상은 그 분야 전체에 충분한 에너지와 수준이 쌓였을 때 자연스럽게 나오는 것이지 인위적으로 몰아친다고 해서 인물이 자라는 것은 아니다. 앞으로 50년, 100년을 길게 내다보는 정책이 절실하다.

지도교수였던 캐슨 교수 역시 나를 다그치지 않았다. 박사 과정 중 어느 땐 6개월 동안 그를 한 번도 찾아가지 않은 적도 있었다. 새로운 아이디어가 없었기 때문이었다. 그래도 그는 내가 스스로 무언가를 찾아낼 때까지 기다려주었다. 나는 답습과 모방을 허용하지 않는 학문의 자세를 배우면서 경쟁과 열등의식으로부터 조금씩 해방되었다. 수학, 그 자체만 좋아하고 아무리 초라해도 나만의 작은 집을 짓는 학자의 길을 가야겠다는 결심을 했다.

빈센트 반 고흐의 그림을 보다가 그의 동생 테오와의 편지를 모아농은 책을 읽었다. 그는 평생 가난하고 혼자 외롭게 살면서도 일편단심 그림을 사랑했다. 다른 화가들이 돈을 벌려고 초상화를 그려 팔 때 그는 버려진 들판과 거친 손의 농부들이 땀으로 일구는 들녘, 검은 갈가마귀들이 나는 황금빛 들녘을 그렸다. 자신만이 지닌 영혼의 빛깔로 화폭에 시를 쓰던 연민의 화가 고흐는 결국 정신병으로 고생했다. 그가 자신의 손을 깨물어 하얀 벽에 썼던 말이 있다.

"My soul is whole" (내 영혼은 온전하다).

아무도 그를 알아주지 않았지만 그는 자신의 세계를 창조하기 위해 꿈틀거리는 광기의 열정을 화폭에 붙잡으려고 애쓴 진정한 예술가였다. 학문의 길도 고독한 예술의 길과 다르지 않을 것이다.

세상에서 누구보다도 지혜가 많았던 솔로몬은 잠언 30장 7-9절에서 이렇게 기도했다.

> 내가 두 가지 일을 주께 구하였사오니 내가 죽기 전에 내게 거절하지 마시옵소서 곧 헛된 것과 거짓말을 내게서 멀리 하옵시며 나를 가난하게도 마옵시고 부하게도 마옵시고 오직 필요한 양식으로 나를 먹이시옵소서 혹 내가 배 불러서 하나님을 모른다 여호와가 누구냐 할까 하오며 혹 내가 가난하여 도둑질하고 내 하나님의 이름을 욕되게 할까 두려워함이니이다.

8. 기쁨공식

나도 이런 삶의 자세를 가지고 싶다. 나는 어려서부터 고난을 겪었고 하나님이 자유함을 주셔서 그런지 사람들의 판단과 구조 속에 휘말리지 않고 생존의 수렁 앞에서도 초연한 편이다. 내가 남에게 인정받고 시선이 집중되는 자리에 서려는 거대한 경쟁의 소용돌이 속에 있었다면 아마도 내 영혼은 제대로 성장하지 못했을 뿐만 아니라 버티지도 못했을 것이다. 교만한 자리에 오르고 싶다는 욕망은 인생을 좀먹는 가장 무서운 죄성이기 때문이다.

2007년에 나는 '젊은 과학자상'을 탔다. "정규 공간에서의 정칙성에 관한 업적"을 인정받았기 때문이다. 내가 한 일에 비해 과분한 상이었다. 하나님은 내가 얼마나 부족한 사람인지 잘 알면서도 격려하는 의미에서 주신 것 같다. 이 상을 계기로 학문에 더욱 충실해야겠다고 결심했다. 세계를 돌아다니다보면 내가 다진 학문의 기초가 얼마나 얄팍하고 튼튼하지 못한지 잘 알게 된다.

이듬해 8년 동안 있었던 서울대를 떠나 고등과학원으로 자리를 옮겼다. 고등과학원은 프린스턴 대학의 고등연구소(IAS)를 본떠서 1996년에 설립된 정부출연 연구소다. 수학, 물리, 계산과학 등 순수자연과학을 연구하는 약 20여 명의 교수와 100여 명의 포스트닥터 연구원들이 강의 없이 연구에만 매진할 수 있는 국내 유일한 곳이다.

내가 이곳으로 옮긴다고 하자 주위 사람들이 말렸다. 하지만 한

곳에 너무 오래 머물러 있으면 타성에 젖고 도전의식도 없어진다. 그 미묘한 차이는 나만이 의식할 수 있다. 사실 서울대에서 목발을 짚고 두세 시간씩 연강을 하는 것도 힘들었다. 강의를 마치면 온몸이 땀에 젖었다. 강의나 시험문제 출제, 채점, 교육공무원이라는 제약을 떠나서 좀 더 수학 발전에 도움이 되는 연구에만 몰두하고 싶었다. 얽어매기 쉬운 것들로부터 벗어나 아주 가벼운 발걸음으로 학문에만 정진하기 위해 내린 결정이었다.

9. 하나님이 웃게 하심으로

주께서 나의 슬픔을 변하여 춤이 되게 하시며
나의 베옷을 벗기고 기쁨으로 띠 띠우셨나이다
이는 잠잠하지 아니하고 내 영광으로 주를 찬송케 하심이니
여호와 나의 하나님이여
내가 주께 영원히 감사하리이다
_시편 30:11-12

우주 소년과 여름 기린 아기씨

내게는 초등학교 3학년인 아들과 어린이집에 다니는 네 살짜리 딸이 있다. 내 나이 서른여섯과 마흔이 넘어서 낳은 아이들이다. 두 아이 모두 건강한 다리를 갖고 하루 종일 뛰어논다. 아파트는 아예 1층을 얻어야 할 정도다.

최화복 선생님은 "우주공간을 반듯하게 서서 가라"는 뜻으로 아들 이름을 건우라고 지어주셨고 딸의 이름은 하린이라고 지어주셨다. 여름 기린이란 뜻이다. 선생님은 여름 기린은 많이 먹여야 한다고 하셨다. 그래서 그런지 우리 딸은 잘 먹고 노는 게 일이다. 건우 역시 노는 데는 누구와 겨뤄도 질 생각이 없다.

건우는 장난꾸러기다. 긴 속눈썹과 예쁘장한 얼굴에 비해 운동을 잘한다. 그림 그리기와 만들기, 실험하기를 좋아한다. 장래 꿈이 약품과 기계를 가지고 실험하고 발명하는 박사가 되는 것이라고 한다. 비누, 식초, 물감, 우유, 밀가루를 섞어 마술 약품을 만든다고 온 집 안을 엉망으로 만들기도 한다. 그림은 공장이나 건설현장, 파이프 등 아이가 그렸다고 보기에 믿기 힘든 아주 정교한 설계도 같은 그림을 그린다. 특히 그림 그리기에 서툰 외국의 아이들에게 건우의 작품은 선망의 대상이 될 정도다. 선생님들도 건우의 예술성을 꼭 키워주라고 부탁한다. 나는 건우가 평범하고 영혼이 맑은 사람으로 잘 자라주었으면 한다.

건우가 뱃속에 있을 때부터 불러준 노래가 있다. 언젠가 친구가 다니던 렌의 교회에서 아이들에게 세례를 주며 불러주던 노래다.

주님 이 아이들의 평생 동안 인도하시고 거룩하게 하소서
인생길마다 당신의 빛이 항상 비치고
당신의 보호하심과 날개 아래
충성되고 강하고 한결같게 하소서

요즘 우리나라 사교육이 얼마나 심한지 애들이 뱃속에 있을 때부터 시작된다고 한다. 하지만 나는 우리 아이들을 미술, 한글, 피아노 학원에도 안 보낸다. 집에서 같이 놀며 동화책을 읽고 그림

일기를 쓰는 것으로 학원을 대신한다. 세상 모든 부모의 욕심이 자기 아이를 영재로 키우고 좋은 학교에 보내는 것일 게다. 나도 이런 유혹에서 자유롭지는 않다. 그래도 건우의 창의성과 자발성을 존중해주고 싶다. 자신의 능력에 맞게 학교도 가고 직업도 선택해야 행복한 것이다.

앞으로 우리 사회는 관계지향적인 사회로서 인간과 인간 사이의 관계를 중심으로 모든 권력과 부가 창출될 것이다. 중요하고 필요한 사람과 얼마나 관계를 잘 맺는가가 자신의 능력과 성향 못지않게 중요한 요인이 된다. 긍정적인 면에서는 더불어 사는 공동체 지향적 사회로 변한다는 것이지만 부정적인 면에서는 인간관계가 수단화될 수도 있다는 것이다.

이런 현상은 정치, 경제뿐만 아니라 학문 분야에까지 침투하여 출신 학교에 따라 파벌이 생기기도 한다. 아이들조차 친구보다 넓은 아파트에 살아야 하고 더 좋은 학교에 들어가야 좋아하는 경쟁 위주의 세상이지만 우리는 아이들을 이런 분위기에서 벗어나도록 기르려고 노력한다.

우리 딸 하린이의 잠든 얼굴은 천사 같다. 포동포동한 볼을 지닌 하린이를 보고 있으면 마음이 참 평화로워진다. 우유에 만족하고 엄마 아빠의 사랑과 눈빛에 천하를 얻은 것처럼 기뻐하는 아이. 그래서 예수님은 천국이 어린아이의 것이라 하셨나보다. 하나님의 사랑 어린 눈빛 하나로 만족하는 사람들이 가는 곳이라서 말이다. 하린이는 얌전하고 참을성도 많고 보채지도 않는다. 건우와는 달리 느긋하다. 우리 아이들이 서로 의지하며 세상에서 좋은 친구요 서로에게 본이 되는 선생으로 자라주길 기도한다.

나는 집안일을 도와주기 어렵다. 설거지는 조금 할 수 있지만 형광등도 못 바꾸고 못질도 못 한다. 아이를 안고 얼러줄 수도 없다. 슈퍼마켓에서 장을 볼 때도 카트를 아내가 민다. 두 아이들을 혼자서 돌보느라 아내가 고생을 많이 한다. 대신 나는 아이들이 자기 전에 같이 누워서 동화책을 많이 읽어준다. 박물관과 콘서트에도 데리고 간다. 종종 너무 시끄럽게 굴어 도중에 나오기도 하지만 공중도덕과 예절은 현장에서 배워야 한다는 생각이다. 운동도 같이한다. 야구도 하고 탁구도 친다. 내년에는 어떻게 될지 모르겠지만 아직은 내가 아들을 이긴다.

건우의 친구들과 축구를 한 적도 있다. 나와 건우가 한 편이고 다른 애들 둘이 팀을 짰다. 우리 팀에선 내가 골키퍼를 맡았다. 나는 두 발과 목발을 합쳐 발이 네 개라 아주 유리했다. 골을 많이 막아냈는데도 불구하고 10대 2로 졌다. 알고보니 그 아이들은 독일의 유소년 축구부 애들이었다. 어쩐지 기술이 보통이 아니었다. 가끔 건우가 아쉬워할 때가 있다.

"아빠가 다리가 안 아팠으면 더 좋았을 텐데…."

스페인의 바닷가에 갔을 때 위험한 일이 있었다. 내가 해변에서 지켜보고 있는데 물에서 놀던 건우가 그만 물에 빠지고 말았다. 옆에 있던 청년에게 도와달라고 소리를 질러 아이를 구했다. 얼마나 놀랐는지 정신이 다 아찔했다. 내가 직접 구해줄 수 없으므로 그 후로 수영만큼은 열심히 시킨다.

아이들과 함께 지내는 시간은 금방 지나가기 때문에 최선을 다해 아이들과 놀아준다. 나는 아들에게 친구처럼 모든 것을 얘기해주고 상의하는 아빠가 되고 싶은데 그게 생각만큼 쉬운 일은 아니다. 건우의 성격은 다혈질이다. 주먹도 세고 또래에 비해 몸집도 있다. 어느 땐 애들과 몸싸움을 해서 맞은 아이의 부모가 찾아온 적도 있었다. 양쪽 아이들의 말을 다 듣고 서로 화해하게 했다. 아이가 쓸데없이 고집이 세면 큰일이다. 감정 통제가 안 돼 주먹을 휘두르는 것도 안 된다.

보통은 알아듣게 설명하지만 말로 해서 안 들을 때는 종아리를 때린다. 우리 집 냉장고 위에는 회초리가 있다. 학교에서 체벌하는 것은 반대하지만 부모가 아이의 교육을 위해 종아리를 때리는 것은 찬성한다. 아직 어린 하린이도 자기가 놀던 장난감을 그대로 던져두고 가면 혼난다. 프랑스 부모들은 자녀가 잘못하면 공공장소에서도 아이를 때리며 가르친다. 잘못한 현장에서 잘못을 바로잡아야 한다는 것이다. 미국 부모들은 자녀들을 옷장이나 화장실에 가두기도 한다.

초등학교에 들어가니 우리 아들도 슬슬 말을 안 듣는다.

"건우야, 우리 구구단 한번 외워볼까?"

"구구단은 왜 외워야 돼요?"

"예를 들어 네가 시장에 가서 비누 다섯 개를 산다고 치자. 구구단을 알면 비누 값을 하나하나 더하지 않고 곱셈으로 얼른 계산할 수 있어서 좋지 않겠니?"

"계산기 쓰면 금방 아는데."

"…"

"우리 영어공부하자."

"영어는 왜 공부해요?"

"영어를 쓰는 나라에 가서 그 사람들에게 강의하거나 물건을 팔거나 얘기하려면 영어를 할 줄 알아야지."

"자기들이 한국말 배우면 되지 않아요?"

"한국에 온 외국인은 한국말을 배워야겠지만 우리가 외국에 가면 그 나라 말을 배워야 하지."

"아빠, 통역 쓰면 돼요."

"…"

이 녀석에게 꿀밤을 한 대 먹여야 하나 마나 망설이는 사이에 아들은 어느새 친구들과 놀기 위해 쪼르르 달려나간다.

나는 아들에게 정말 많은 것을 주고 싶다. 내가 가진 모든 것, 지혜와 물질과 기회 그리고 목숨까지 아낌없이 주고 싶다. 그런데 아들 녀석은 그게 좋은지도 모르고 받을 생각도 없다. 이제야 하나님의 마음을 알 것 같다. 아비노릇 하기 어렵다.

내게 아내가 있고 두 아이가 있다는 것이 어느 땐 믿기지 않는다. 게다가 집도 있고 직장도 있다. 누가 봐도 거지밖에는 될 수 없었던 나였다. 비료부대 위에 앉아 바닥을 기어다니던 내게 상상할 수도 없는 축복이다. 아내와 두 아이를 볼 때마다 매일 고맙기만 하다.

몇 년 전 식구들과 함께 내가 공부했던 버클리에 갔다. 두 달 동안 그곳의 수학연구소(MSRI)에 있으며 연구하고 틈틈이 여행하며 내가 거닐었던 곳, 공부했던 곳, 울고 웃었던 곳에 다시 가보았다. 그때는 혼자 거닐었던 바닷가를 아내와 아이들과 함께 거닐었다. 그때나 지금이나 금빛으로 반짝이는 샌프란시스코 만의 바다가 모차르트의 피아노 소나타보다 아름답게 보였다.

마침 아내의 생일이었다. 우리는 두 아이들을 데리고 샌프란시스코에서 이른 저녁을 먹고 해변을 거닐었다. 밀려오는 파도가 모래사장에 아름다운 줄무늬를 그렸다. 우리를 벌써 8년이나 남편과 아내로 같이하게 해주신 하나님께 감사드렸다. 자라나는 두 아이의 부모로, 교회 집사로, 학생들을 가르치는 선생으로 우리는 평생을 동고동락하며 부대끼리라. 그런 인생의 여정에 사랑하는 친구요 동역자를 주셨으니 우리 하나님은 얼마나 자비하신가.

해가 지는 바닷가에 서서 우리는 가족사진을 찍었다. 나와 사는 게 쉽지만은 않았을 아내. 벌써 새치가 보이는 그녀의 얼굴은 석양의 붉은 빛에 반사되어 우리가 처음 편지를 주고받았을 때부터 바닷가에 서 있는 그 순간까지의 모든 일을 조용히 담은 천사의 얼굴처럼 빛났다.

하린이는 어린이집에서 가는 생애 첫 번째 소풍을 앞두고 있다. 매일 한 가지씩 소풍에 싸갈 것을 챙겨놓는다. 하루는 오렌지주스를, 하루는 과자를. 그 앞에 앉아 한없이 행복해하는 딸을 바라본다. 어린 시절 한 번도 소풍을 간 적 없는 아빠는 그런 딸을 보는 것만으로도 더욱 행복하다. 하늘에 계신 우리 아버지도 우리가 행복해하는 것을 보고 그렇게 기뻐하시리라.

내게 아내가 있고 두 아이가 있다는 것이 어느 땐 믿기지 않는다.
게다가 집도 있고 직장도 있다. 누가 봐도 거지밖에는 될 수 없었던 나였다.
비료부대 위에 앉아 바닥을 기어다니던 내게 상상할 수도 없는 축복이다.
아내와 두 아이를 볼 때마다 매일 고맙기만 하다.

아들에게 수학 가르치기

건우가 초등학교 2학년이 되어 첫 번째 중간고사를 보게 되었다. 산수 시험범위를 보니 곱셈이 들어 있었다. 여름방학 내내 노느라 구구단 숙제를 못해 학기 초에 애를 먹었던 건우는 그동안 선생님의 구박 속에 간신히 구구단을 외우긴 한 것 같은데 겨우 눈꺼풀 위에 얹어놓은 상태였다. 처음에는 3단부터 막혔다. 옆에서 듣고 있던 네 살짜리 하린이가 느닷없이 "오 오 이십 오" 하고 대답해서 우리 모두 웃었던 기억이 있다.

그런데 중간고사를 앞두고 곱셈 문제를 풀어보라고 했더니 그새 구구단을 다 까먹었다는 게 아닌가. 아들에게 구구단의 백미, 가장 어려운 문제 중 하나를 물어봤다.

"7 곱하기 8은?"

"아, 그게… 칠 일은 칠, 칠 이 십, 십, 십사?"

'이럴 수가!'

외운 지 한 달밖에 지나지 않았는데 완전 백지로 돌아가다니. 우리 아버지는 초등학교 문턱에도 안 가봤는데도 복숭아상자를 죽 쌓아놓은 것을 한눈에 보고도 몇 상자인지, 얼마를 받아야 하는지 암산하셨는데. 그러나 어쩌겠는가. 아버지는 아버지고 아들은 아들이니 현실을 받아들이는 수밖에.

우선 쉬운 2단, 3단, 4단을 외우게 했다. 5단은 사실 5씩 더해 가면 되므로 굳이 외울 필요도 없다. 6단부터는 소위 아프리카 수학이라는 셈법을 가르쳤다.

아프리카 수학이란 아프리카 사람들이 5단 이상을 셈할 때 쓰는 것으로 손가락을 가지고 계산하는 방법이다. 전제는 5단까지는 완벽하게 외워야 한다는 것.

6×2, 6×3, 6×4, 6×5는 이미 2, 3, 4, 5단에서 외웠으므로 6×6부터 하면 된다. 6×6을 계산하려면 왼손의 한 손가락만 펴고 나머지 네 손가락은 구부린다. 한 손으로 6을 표현하는 방법이다. 오른손도 마찬가지로 한 손가락을 펴고 나머지 네 손가락은 구부린다. 편 손가락은 각각 10을 나타낸다. 양손에 편 손가락 개수가 두 개이므로 모두 20이다. 다음은 왼손에 구부린 손가락이 네 개, 오른손에 구부린 손가락이 네 개이므로 이들을 곱한다. 4×4는 16. 처음에 편 손가락 두 개를 계산한 20에 16을 더하면 36, 즉 6×6=36이 된다.

응용을 위해 한 문제를 더 풀어보자. 7×8은 어떻게 계산할까? 우선 왼손 손가락 두 개를 펴고 세 개는 구부린다. 오른손 손가락 세 개는 펴고 두 개는 구부린다. 편 손가락이 모두 다섯 개이므로 50이다. 여기에 구부린 손가락 두 개와 세 개를 곱하면 6. 그러므로 이 두 값을 합해 답은 56이다.

"아, 그렇구나!"

건우는 신기한 듯 구구단을 손가락으로 열심히 셈했다. 일단은 골치 아픈 6단 이후의 구구단을 더 이상 외우지 않아도 된다는 사실에 기뻐했다. 약간의 자신감도 얻은 듯했다.

그 다음 주 건우는 시험을 봤다. 아들의 자존감을 위해 점수를 밝힐 수는 없지만 썩 좋지는 않았다. 첫 번째 계산문제는 그냥 넘기고(왜 그랬는지 아들도 설명을 못했다), 그 다음 문제는 부호를 잘못 봤으며 문장이 긴 문제는 이해를 못했다고 한다. 그래도 우리 아들은 기죽지 않고 한마디 한다.

"아빠, 내 짝꿍은 구구단 다 외우는데도 나보다 시험 못 봤어요."

당연하다. 수학은 외워서 하는 게 아니라 스스로 사고하고 규칙을 좇아서 해결해야 하는 것이다.

아들의 수학 교과서는 내가 봐도 참 지루하다. 게다가 학교에선 학년이 올라갈수록 시험과 입시를 위한 수학을 가르친다. 이렇게 하면 수학에 대한 재미를 잃게 되고 어느 날 수학포기를 선언하기 쉽다. 수학은 논리의 훈련이다.

프랑스 학교에서는 수학의 진도가 느리다. 우리 눈으로 보면 답답할 정도다. 우리 아들이 한국에서 배운 대로 천 단위, 만 단위를 셈하자 선생님이 깜짝 놀라셨다.

"수학 예습을 시키지 마세요. 수업 시간에 딴짓을 합니다."

프랑스에선 진도는 느리지만 수학 문제가 긴 문장으로 된 것들이 많다. 말하자면 산수와 언어와 사고력을 함께 기르는 것에 중점을 둔다. 그래서 그런지 프랑스는 수학이 발달되어 있고 세계적으로 유명한 수학자들이 많다. 한국에서 미국으로 간 학생들이 처음에는 수학을 잘한다고 칭찬을 받으니까 그쪽으로 전공하다가 나중에 포기하는 경우가 많은데 그 이유가 바로 여기에 있다.

아들의 수학 성적을 보면서 실망이 되지만 나도 할 말은 없다. 수학을 전공한 교수임에도 불구하고 셈이 빠르지 못하니까.

어느 날 학교에 있는 농협에 갔더니 평소에도 인사를 잘하던 창구 여직원이 나를 보고 웃었다.

"교수님, 수학과 교수님이세요?"

"네, 그런데요."

"전 정말 몰랐어요. 이번에 신문에 나오신 거 보고 깜짝 놀랐어요. 문학이나 철학과 교수인 줄 알았거든요."

"왜요?"

"하도 잔액이랑 이자 계산을 못 하셔서."

"…"

그뿐 아니다. 한번은 택시를 타고 집에 도착해서 돈을 주고 내리면서 호기롭게 기사에게 말했다.

"거스름돈은 넣어두세요."

기사가 한심하다는 눈초리로 나를 쳐다보았다.

"돈이 모자라는데요."

"…"

아무래도 이론수학에 치중하다보니 암산능력은 퇴화되는 모양이다. 그래도 수학을 전공한 지 25년이 넘었으니 수학을 잘하는 법에 대해 조언 정도는 할 수 있다.

> 첫째, 수학을 암기하려고 하지 말고 이해하자. 암기하면 응용력이 떨어지고 스스로 생각할 수 없게 된다.
> 둘째, 조금씩 꾸준히 공부하자. 수학은 벼락공부가 통하지 않는다. 아무리 똑똑한 사람이라도 오랫동안 수학 공부한 사람을 이길 수는 없다.
> 셋째, 이해되지 않는 문제는 그냥 넘어가지 말고 꼭 이해하고 넘어가자. 잠을 줄여서라도.
> 넷째, 누군가에게 묻기보다는 혼자서 해결해보자. 혼자 터득한 방법이 평생을 간다.
> 다섯째, 자신이 똑똑하다고 믿어라. 모든 성공은 자신감에서 나온다.

여섯째, 성적이 하루아침에 오르지 않는다고 포기하지 말라. 3년만 노력하면 분명히 수학의 달인이 될 수 있다.

일곱째, 머리는 쓰면 쓸수록 좋아진다. 수학을 공부하면 할수록 지혜로워진다는 것을 믿어라.

여덟째, 사물을 수학적으로 보려고 노력하라. 예를 들어 목욕탕에 타일을 까는데 왜 정사각형이나 정육각형만 써야 되는지 혼자 생각해보라.

아홉째, 스스로 수학 문제를 만들어보자. 문제를 만들면 개념이 정리되고 문제 푸는 방법을 익히게 된다.

열째, 동생이나 친구에게 수학을 가르치자. 가르치려면 그 문제를 완벽하게 이해해야 되기 때문에 가르치는 것보다 더 좋은 공부는 없다.

자, 이제 마지막 남은 것은 엉덩이를 의자에 붙이고 앉아 질기게 문제를 푸는 수밖에 없다.

세계 시민으로 살아가기

우리 식구는 1년에 두 번씩 짐을 꾸린다. 수학은 만국의 공통언어이기 때문에 해외 어디에서나 연구가 가능하다. 두 달 간의 여름방학과 겨울방학을 이용하여 다른 나라의 연구소와 학교의 초청을 받아 그곳에 연구와 세미나를 하러 간다. 세계의 실력 있는 학자들과 함께 세미나를 하는 것은 나 자신을 채찍질하는 계기가 된다. 우리 가족은 미국, 프랑스, 스페인, 영국, 스위스, 독일, 벨기에, 네덜란드, 일본, 싱가포르, 중국 등에 머물렀다.

영국 더럼에는 같은 분야를 전공하는 존이라는 학자가 있다. 존 역시 좋은 그리스도인인데 그가 다니는 교회에는 살아 있는 찬양과 교제가 있었다. 하나님께서 촛대를 옮기셨다는 평을 들을 정도로 미약해진 영국 교회인데도 그런 교회가 아직까지 남아 있다는 것이 참 놀라웠다. 그는 한 학기 동안 한국을 방문해서 가르치기도 했다.

리버풀에는 메리라는 교수가 있다. 그녀의 초청으로 세미나(colloquium talk)를 하러 간 적이 있다. 내 지도교수도 한때 그곳 대학의 교수였다. 메리 교수는 참 친절했다. 그녀의 집에서 우리는 환대를 받았다. 남는 시간에 박물관을 돌아보았다. 영국의 박물관은 무료이면서도 아이들을 위한 쉼터 등이 아주 잘 정리되어 있었다. 그때는 건우가 너무 어린 나머지 그림과 조각을 자꾸 만지려 해서 곤혹을 치렀다. 하지만 아이들은 그러면서 박물관과 미술관에서의 공중예절을 배워간다.

일본은 이웃나라면서도 우리와는 참 달랐다. 그들을 보며 지리적인 가까움이 사람의 사고를 지배하지 않는다는 것을 배웠다. 싱가포르에는 탄이란 학자의 초청을 받고 갔다. 잘 정돈된 도시이며 금융과 상업이 잘 발달된 싱가포르는 작지만 부요한 나라였다. 중국은 막 부상하는 경제력을 과시하는 듯 베이징 거리에 벤츠와 BMW가 흔하게 굴러다녔다. 하지만 무질서한 교통과 심한 공해는 아직도 가야 할 길이 먼 중국의 현실을 보여주었다. 나는 그곳에서 북경오리 요리를 먹고 배앓이를 심하게 했다.

나는 세상을 구경하며 하나님이 만드신 사람들과 문화의 다양성에 놀랐다. 하지만 어디에 가나 우리를 환대해주었던 그 사람들이 같은 하나님의 피조물이며 아무것도 다를 게 없는 우리 형제요 자매임을 강하게 느꼈다.

안식년에는 파리 남쪽의 작은 마을(Bures-sur-Yvette)에 정착했다. 우리 가족은 내가 일하는 연구소에서 제공한 작은 집에서 살았다. 그 연구소 도서관에서 일하는 슈미트라는 아주머니가 있었다. 어느 날 아주머니는 내가 부탁했던 책을 내 방에 갖다주며 혹시 그리스도인이 아니냐고 물었다. 그렇다고 했더니 그녀는 나에게 함께 불어성경을 읽지 않겠느냐고 제의했다. 그러면서 자신의 인생에 대해 얘기해주었다.

슈미트 아주머니는 일찍 남편과 헤어지고 아이들을 혼자서 키웠는데 지금 딸이 무슬림 청년과 결혼하여 여러 모로 힘든 상황이라고 한다. 나는 그녀와 함께 성경공부 모임에 나갔다가 피상보노 할아버지 내외와 레고 할아버지 내외를 만날 수 있었다.

피상보노 할아버지는 우리 집 옆에 있는 오르세이 대학 총장을 지낸 분으로 피아노 연주를 좋아하시는 물리학자다. 그분들의 가정에도 슬픈 사연이 있었다. 가장 사랑했던 딸이 결혼을 몇 주 앞두고 사위가 될 청년과 함께 눈사태로 사망했다는 것이다. 할아버지의 집 거실 모퉁이에는 빛바랜 딸의 사진이 아직도 걸려 있었고 그녀가 연주하던 첼로도 있었다. 노부부는 내 아내가 교회에서 연주할 일이 생기자 몇십 년 동안 열어보지 않았던 그 첼로를 처음으로 꺼내 아내에게 빌려주었다. 아픈 기억을 되살리는 일이었겠지만 할아버지는 그 아픔을 지워버리려는 듯 그 후 아내와 함께 일주일에 한 번씩 베토벤 곡을 연습하셨다.

할아버지는 매달 첫째 주에 한 번 설교를 하셨다. 젊었을 때부터 다닌 교회를 평생 섬기는 부부의 모습이 참으로 아름다웠다. 우리가 파리에 잠깐이라도 들릴 일이 있으면 할아버지는 저녁을 차려놓고 우리를 기다리셨다. 그리고 하룻밤이라도 꼭 재우고 우리를 보내주셨다. 노부부는 우리를 자식처럼 사랑해주신다. 절제된 호의와 우리의 입장을 배려한 사려 깊은 사랑이다.

할아버지의 서재에는 책들이 많다. 할아버지는 물리학자면서도 철학, 문학, 음악 등 다양한 분야의 독서를 하셨다. 프랑스 지식인들이 얼마나 전인교육에 힘쓰는지 알 것 같았다. 유명한 수학자 푸앵카레도 문학과 예술에 조예가 깊었다. 프랑스는 교양과 학식이 조화를 이뤄야 존경을 받는다. 우리나라도 이제 아이들에게 예술과 문학, 역사교육에 좀 더 많은 시간과 노력을 기울였으면 한다.

레고 할아버지는 피아니스트였다. 부인인 자끄린느 할머니와 함께 외국인이나 가난한 사람들을 돌보려고 애쓰고 계셨다. 그분들의 먼 조상은 동유럽에서 왔다고 한다. 얼마 전 히틀러에게 희생당한 친지들의 뼈를 발견하셨다고 한다. 그분들도 피상보노 가족과 같이 같은 교회를 수십 년 동안 섬기신 분들이다. 그들을 보며 복음이 멀리 지나가버린 듯한 프랑스 땅에도 남은 자들이 있음을 알았다. 절대로 포기하지 않으시는 하나님의 구원의 역사였다.

그 작은 마을에서 만난 사람들 중에는 우리가 6개월 간 세들어 살았던 봉 할머니가 있다. 할머니는 불어, 독일어, 영어, 러시아어를 하는 친절하고 지적인 분이었다. 항상 절제된 생활 속에서 타인을 잘 살펴주셨다. 봉 할머니를 보면서 자녀교육에 대해 많이 생각했다. 할머니에게는 아들이 있는데 최근에 결혼 후부터 계속 뇌종양을 앓아온 며느리가 40세의 젊은 나이로 사망했다. 할머니는 며

느리가 사경을 헤매는 동안 파리의 아들 집에서 살다시피 했다. 며느리가 죽자 할머니는 평정을 잃지 않으려고 애썼다. 우리는 할머니를 위로하기 위해 집으로 초대해서 저녁을 같이 먹었다. 내가 이제 아들과 함께 사실 거냐고 묻자 할머니는 고개를 저었다.

"지금도 아들 집에 가면 소파에서 잔답니다. 아들 집의 방을 쓰면 그건 내가 그 집에 정착한다는 것을 의미하죠. 그것은 아들의 인생에 내가 개입하는 것이 됩니다. 아들을 옆에서 도울 수는 있지만 개입해서는 안 되죠. 결국 이 슬픔은 아들 스스로 극복해야 합니다. 아들이 다시 일어설 수 있도록 격려해주는 것이 내가 같이 사는 것보다 더 바람직한 일입니다."

봉 할머니를 보며 "남자가 부모를 떠나 그의 아내와 합하여 둘이 한 몸을 이룰지로다"(창 2:24)라는 성경 말씀의 의미를 확실하게 깨달았다.

마리 자끄린느는 쌍둥이 엄마다. 라오스에서 프랑스로 이민 와서 디자인 일을 하는 동양인인데 내가 출장을 가면 자기 집에 와서 저녁을 먹으라고 권하는 정 많은 분이다. 그 남편 쟝막은 프랑스인인데 한국 영화를 좋아한다. 동양에 관심이 많고 한국 음식을 즐긴다. 그와 대화를 하면 프랑스 중산층이 왜 우파를 선택했고 사르코지를 대통령으로 뽑았는지 알 수 있다. 교수들과는 달리 그들은 현실적인 문제에 관심이 많다. 수요일이면 그 집 아들들 마티유와 줄리앙이 우리 집에 와서 건우, 하린이와 놀다 갔다. 귀국할 때 마리는 우리를 잡고 엉엉 울었다.

내가 처음으로 프랑스와 인연을 맺기 시작한 것은 수학을 통해서였다. 우연히 스위스에서 열린 학회에서 제라드와 질 그리고 프랑스와즈를 알게 된 다음이다. 제라드는 형처럼 나를 잘 도와주었다. 원래 조상은 이탈리아인이라고 하는데 호탕하고 친절하며 수학도 잘하는 좋은 친구다. 한국을 두 번이나 방문했는데 김치는 물론 된장과 청국장, 심지어는 홍어회까지 나보다 잘 먹었다. 그는 어느 나라에 가도 그 나라의 문화를 존중해준다.

질은 프랑스 최고 명문인 에콜 폴리테크니크(Ecole Polytechnique) 교수였고 지금은 파리 6대학 교수다. 교장선생인 아내와 딸 둘, 아들 하나를 둔 좌파 성향이 강한 전형적인 프랑스인이다. 머리는 한 번도 빗은 적이 없는 것처럼 늘 까치집을 짓고 다니지만 수학엔 대단한 열정을 가지고 있다.

프랑스와즈는 여자 교수인데 어떤 수학 문제를 내게 물어온 것을 계기로 친하게 되었다. 그녀 역시 한국을 방문했다. 지금은 건우보다 어린 쌍둥이 딸과 기타리스트인 남편과 행복하게 산다. 쌍둥이 딸들은 식사 때 우리 아들이 선물한 젓가락을 쓰는데 그것을 '건우 젓가락'이라고 부른다.

2006년 여름에는 가족과 함께 스페인의 마드리드 대학에 초빙되어 석 달 동안 머물렀다. 처음 접해본 스페인어는 재미있고 아름다웠다. 버클리에서 우연히 알게 된 라켈이란 수학자가 초청해주어 여름 동안 같이 연구했다. 그녀는 자기 친구들을 데리고 우리 집에 놀러와 스페인 춤도 추고 한국 음식도 먹으며 즐거운 시간을 보냈다. 자기 부모님 댁에도 우리를 초청해주어 맛있는 파에야를 먹으며 그녀의 온 가족을 만날 수 있었다. 라켈의 부모님은 자기 같은 사람들을 먼 나라에서 찾아와주어 고맙다고 했다.

수세기를 지배한 아랍인들의 잔해와 영향력은 스페인의 곳곳에 남아 있었다. 다행히 그리스도인의 승리로 끝나 지금은 가톨릭이 대부분인 나라가 되었지만 그들의 언어와 문화 속에는 아직도 아랍인들의 피가 흐르고 있다.

마드리드는 분주하고 소음이 심했지만 예쁜 건물들과 박물관이 많은 매력적인 도시였다. 고야의 그림을 보며 그들의 역사에 대해 조금은 배운 것 같다. 한낮에는 40도를 오르내렸지만 밤 열 시쯤 되면 사람들이 거리로 나와 식사하고 야경을 즐기며 새벽까지 놀았다. 마드리드 주위의 작은 도시들을 산책하며 플라멩코 춤과 파에야로만 우리에게 알려져 있는 스페인의 다양하고 아름다운 모습을 접할 수 있었다. 라켈은 그해 가을 한국에 와서 두 달을 지내며 한국 음식과 사람들에 익숙해졌다.

나는 세계를 돌아다니며 많은 사람들을 만났다. 그들이 얼마나 아름다운 하나님의 피조물인지도 알았다. 하나님의 역사가 사라진 줄 알았던 나라에도 곳곳에 살아 있는 그리스도인들과 교회가 남아 있었다. 나는 만나는 사람들에게 내가 만난 하나님에 대해 자연스럽게 얘기했다. 책과 글과 말로 하나님을 전했다. 그리스도인은 세계를 향해 열린 마음을 가져야 한다. 어디에 가든 세계의 시민이 되어야 한다. 하나님이 계신 곳은 어디나 나의 나라이고 그곳 사람들은 어차피 형제와 자매들이니까. 소통을 위해 외국어 공부도 어느 누구보다 열심히 해야 한다. 그리고 우리와 다른 문화와 체제를 폄하하지 말고 예수님의 눈으로 바라봐야 한다. 그래야 전하는 자의 우월감 없이 복음을 전할 수 있다.

앞으로 내가 어디에서 살지는 하나님만 알고 계신다. 하지만 내가 어디서 살든지 그곳이 순수가 거하는 곳, 참 쉼이 있는 곳, 모든 것이 항상 새롭고 신기하고 즐거운 곳이 되길 기도한다.

불어권 선교를 위해

프랑스를 자주 드나들다가 불어권선교회를 알게 되었다. 그곳에서 만난 다비드란 목사가 있다. 복음을 순수한 열정으로 사랑하는 참 보기 드문 프랑스 목사다. 그는 파리 동쪽의 몽트뢰유라는 무슬림이 많이 사는 지역에서 최근까지 부목사로 섬겼다. 그가 사역하고 있는 교회의 예배는 성령의 역사가 임한다. 교인들은 대부분 검은 피부를 가진 사람들이다. 포르투갈에서 온 목사가 시작한 그 교회는 지역사회를 복음화하고 멀리 선교사들을 파견하는 등 자유주의 성향이 강한 프랑스 문화 속에서 성경대로 살려고 애쓰고 있다.

프랑스의 기독교는 문화의 일부일 뿐이다. 칼뱅과 같은 훌륭한 믿음의 선배가 있음에도 불구하고 대부분은 가톨릭이고 신교는 아직도 구교의 핍박을 받는다. 그들은 더 이상 교회에 나가지 않는다. 기독교가 그들 사회에 미치는 영향은 참으로 미미하다. 파리에는 무슬림과 그들의 문화가 너무 깊이 들어와 있다.

불어권에도 복음의 회복과 무슬림 세력 확장에 맞서는 하나님의 군사들이 필요함을 절대적으로 느끼고 있다. 이것이 내가 불어권선교회에 가입한 이유다. 우리가 파송하는 선교사들도 대부분 영어권이 많은 데 비해 불어권의 아프리카 선교사는 드문 편이다. 불행히도 이 지역의 무슬림화가 급속하게 진행되고 있다. 이곳이 아무래도 복음이 전파될 마지막 남은 땅 끝이 아닌가 하는 생각이 든다.

프랑스에도 한인교회가 있다. 파리에만 열 개가 넘고 그외 큰 도시 몇 개에만 집중되어 있다. 내가 관계를 맺었던 교회는 파리 북역 근처의 교회였다. 그곳에 계신 이종선 목사님은 프랑스 지방 사역에도 헌신하는 분이다. 프랑스 교민들 중에는 미국 이민사회에 비해 상대적으로 어려운 분들이 많다. 그들은 아무도 가지 않은 길을 처음 가보며 오직 의지할 것이라고는 하나님밖에는 없는 듯했다. 지금도 파리에 출장을 가면 그분들을 만난다. 어려운 형편 속에서도 자신이 맡은 몫을 해내려고 노력하는 그분들을 보며 하나님께 감사를 드린다.

안식년을 떠나기 전 나는 숙명여대 프랑스 요리학교인 코르동 블루에서 통역으로 일하시는 홍성숙 선생님과 함께 불어 성경공부를 인도했다. 불어에 관심이 있는 숙대 불문과 학생들과 코르동 블루 학생들, 불어에 관심이 있는 외부 학생들을 상대로 솔트 팬 건물에서 일주일에 한 번씩 성경공부반을 열었다. 가끔 코르동 블루의 요리사들을 초청해서 전도 잔치를 했다. 불어권 선교를 위해 내가 할 수 있는 작은 일의 시작이었다.

내가 이 책을 펴내는 이유 중의 하나도 여기에 있다. 인세의 일부는 불어권 특히 무슬림을 위해 헌신하는 선교사들을 돕는 데 쓰일 예정이다.

아, 우리 아버지

2006년 가을, 스페인 출장 중에 아버지가 위독하시다는 이메일을 받고 부랴부랴 귀국했다. 아버지는 고관절에 염증이 생겼는데 항생제를 투여하다보니 신장까지 망가지고 말았다. 처음에는 대수롭지 않게 생각했지만 상태가 호전되지 않아 서울대병원으로 옮겼는데 상태는 절망적이었다.

아버지는 가난한 집안의 9남매 중 3남으로 태어나셨다. 그 중 두 분은 일찍 돌아가시고 나머지 형제들은 파란만장한 삶을 사셨다. 일본의 강점기 때 아버지의 형님 두 분은 징용으로 끌려가셨다. 큰아버지는 부상을 당해 돌아오셨지만 둘째 큰아버지는 여러 가지 사정으로 다시는 고국에 돌아오지 못하셨다. 작은 삼촌은 월남전에서 돌아와 평생을 떠돌이로 살고 계신다. 아버지는 한국전쟁에 참여했다가 무사히 돌아왔지만 혹독한 가난과 싸우느라 전쟁보다 더 험한 인생을 살아야 하셨다.

역사가 일정한 방향을 가지고 진보한다거나 더 나은 방향을 향한 정반합의 과정이라든가 아니면 역사는 역사가가 만든다는 학자들의 추상적인 말에 나는 냉소적이다. 하나님의 통치권을 벗어난 인간의 역사는 소망이 없다.

개인의 의사와는 상관없이 그러면서도 한 개인에게 막대한 영향을 미치는 역사의 질곡 속에서 배우지 못하고 기댈 권력도 없고 한없이 가난한 아버지는 그 역사의 소용돌이를 맨몸으로 견뎌야 하셨다. 학교를 다니지 못한 아버지는 병아리와 돼지 장사를 하며 형제들을 돕고 집안을 일으키려 애쓰셨다. 그리고 어머니와 큰 누나가 훈련장에서 위험을 무릅쓰고 주은 탄창껍데기를 팔아 마련한 약간의 돈으로 과수원을 개척하셨다.

복숭아와 쌀, 콩, 깨, 수수, 감자, 고구마, 딸기, 담배 등을 재배하느라 아버지와 어머니는 1년 내내 밭에서 일하셨다. 두 형들과 세 명의 누나들도 총동원 되어 일에 매달렸다. 다리를 못 쓰는 나까지도 불을 때고 담배 꼭지를 엮었다. 온 식구가 그렇게 일을 하는데도 우리는 여전히 가난했다.

아버지는 사나이답고 힘이 좋으셨다. 집에 쓸 돈이 없어도 동생들을 챙기고 동네 사람들에게 잘 퍼주셨다. 하지만 고된 노동과 힘든 삶을 달래려고 저녁이면 으레 막걸리를 드셨다. 그 다음에는 술주정과 폭력이 뒤따랐다. 그리고 나를 갖다버리라고 소리를 지르셨다. 지금 나는 아버지의 마음을 안다. 아버지는 두려웠을 것이다. 두 다리가 성해도 이 세상이 얼마나 먹고 살기 힘든데 걷지도 못하는 나 같은 자식은 보나마나 거지가 될 수밖에 없다고 생각하셨을 것이다. 그 꼴을 보는 게 아비로서 얼마나 무섭고 겁이

나셨을까. 표현은 거칠었지만 그것은 아버지의 나를 위한 걱정과 사랑이었을 것이다.

철이 나고 하나님을 믿은 다음에 나는 제일 먼저 아버지를 용서했다. 아버지는 내가 대학 3학년 때 서울에 올라오셨다. 새벽에 물건을 떼어다가 낮에는 관악산 밑에서 부채를 팔고 밤에는 신림동 골목에서 뻥튀기와 붕어빵을 구우셨다. 노점상 단속이 나와 리어카와 물건을 빼앗기면 관악구청에 찾아가 생사를 걸듯 싸우기도 하고 머리를 조아리며 사정사정도 해서 되찾아오셨다.

아버지가 미국에 오셨던 일이 생각난다. 태어나 처음으로 비행기를 타신 아버지는 기내식을 좋아해 몇 번이고 달라고 해서 드셨다고 한다. 나중에는 한국인 스튜어디스가 더 이상 주지 않자 외국인 스튜어디스에게 부탁해서 한 그릇 더 드셨단다. 물론 보디랭귀지로. 아버지는 미국에 와서도 기죽지 않고 미국 사람들에게 "코리아, 코리아" 하며 말을 거셨는데 이상하게 대화가 통했다. 아마 아버지는 좋은 시절에 좋은 집안에서 태어나 많이 배웠다면 정치가가 되셨을지도 모르겠다.

내가 카이스트의 교수로 오자 부모님은 유성으로 내려오셨다. 점심때면 유성의 재래시장에서 아버지와 만나 점심을 같이 먹었다. 그 유성장터의 점심에서 우리는 어려웠던 시간을 저편으로 등지고 이제는 노쇠해진 아버지와 장성하여 돌아온 아들로 마주 앉아 누가 누구에게 회한을 품지 않고 용서도 사랑도 강요하지 않으며 그렇게 묵묵히 식사를 했다. 그 험난했던 세월에 이젠 하얗게 센 아버지의 머리와 골 깊은 주름으로 가득한 얼굴을 보며 나는 가슴으로 울었다. 평생을 맨몸으로 자식들 뒷바라지하려고 땅 파고 노점상 하고 막노동에 하루도 편히 쉬지 못했던 아버지가 한없이 불쌍했다.

'주님, 이 쓰라린 영혼을 구원하소서.'

병원에 입원하시고 나서 두 달 동안 누나와 나는 아버지의 구원을 위해 하나님께 울부짖었다. 강의가 끝나면 병원으로 와서 아버지 옆을 지켰다. 엄마는 중풍과 치매로 노인병원에 입원해 계셨다. 전도사로 있는 누나가 하룻밤을 아버지와 함께하며 하나님의 복음과 용서에 대해 전했다. 아버지는 당신이 죄인이며 가족과 특히 어머니에게 많은 상처를 준 것에 대해 용서를 구하셨다. 그리고 은혜롭게도 하나님을 영접하셨다. 며칠 후 아버지는 조용히 눈을 감으셨다. 평생 지고 온 고통의 짐을 내려놓고 깊은 휴식에 들어가신 것처럼.

예수님을 믿은 후 나는 거의 모든 날 동안 부모님을 위해 기도했다. 신실한 하나님은 그 기도의 짐을 내 어깨에서 내려주셨다. 20년 만이었다.

돌아가시기 전 아버지는 매일 새벽 여섯 시쯤 내게 전화를 하셨다. 대부분은 누가 서운하게 한다든지 어떤 녀석이 나쁜 놈이라든지 하는 불평이었지만 그래도 내 말을 듣고 위로를 받으셨다.

불행한 가정환경은 우리 형제들에게 큰 짐이 되었다. 큰누나는 어릴 적부터 집안일을 도와야 한다는 책임감으로 제대로 교육받기 힘들었다. 맏이로서 희생을 감수해야 하는 상황은 누나에게 평생 한이 되었다. 내가 어렸을 때도 막내인 나를 업고 다니며 키워야 했다. 둘째 누나는 일찍부터 회사에 취직해 공부하는 동생들 뒷바라지하느라 결혼도 교육도 희생했다. 큰형, 작은형도 가난한 집안사정으로 자신들이 원했던 공부와 미래를 마음대로 설계할 수 없었고 막내누나도 허리디스크로 편찮으신 엄마 대신 집안일과 아버지 수발을 들어야 했다.

이런 어려움은 자식들뿐 아니라 후에 매형들과 형수들에게도 많은 고통을 주었다. 이러한 인생의 무게는 마음속에 큰 상처와 부담감으로 자리 잡았고 특히 아버지와의 관계는 항상 무거운 짐이 되었다. 하지만 가난과 불행한 가정환경을 대물림하지 않으려는 형 누나들의 결심은 오히려 그들을 앞으로 나아가게 하는 힘이 되었다. 모든 것이 합력하여 선을 이루었다.

형과 누나들은 모두 자기 자리를 찾고 가정들을 꾸려 잘 살고 있다. 특히 둘째 누나는 하나님을 만나 인생이 변화되어 전도사가 되었다. 하나님은 한 많은 집안을 긍휼히 여기사 하나님을 믿게 하고 많은 사람들을 주께로 돌아오게 하는 통로로 쓰셨다.

홀로 남은 어머니는 이제 치매가 깊어지셨다. 그래도 사랑하는 막내아들이 가면 알아보고 환하게 미소를 지으신다. 일주일에 한두 번 나는 엄마를 찾아가 침대 맡에 앉아 조용히 찬송을 불러드린다.

나의 영원하신 기업 생명보다 귀하다.
나의 갈 길 다가도록 나와 동행하소서.
주께로 가까이 주께로 가오니
나의 갈 길 다가도록 나와 동행하소서.

그렇게 좋아하던 찬송가를 이제 "갈 길 다가도록 나와 동행하소서"밖에는 기억하지 못하시는 어머니.

"병상에 홀로 계신 나의 어머니에게 주님이 친구 되어주시고 기쁨 되어주시고 모든 것 되어주시며 그의 모든 눈물과 마음의 한을 주의 병에 담아주소서."

내가 이렇게 기도하면 어머니는 도리어 아들의 건강을 걱정하며 하나님께 "우리 아들을 지켜주세요"라고 기도하신다. 그런 어머니를 보고 있으면 부모의 사랑이 무엇인지 새삼 깨닫는다. 절망적인 상황에서도 자식 걱정을 하시는 어머니. 나를 보며 배가 고프지는 않은지, 왜 기침하는지 걱정스레 물으시는 어머니를 보면 가슴이 한없이 무너진다.

예수님은 천국이 우리의 모든 소유를 팔아 사는 보석과 진주와 같다고 하셨다. 얼마나 천국이 소중하고 값진 것인지 말씀하신 것이다. 이 말씀은 돌아가신 아버지와 하루하루 병색이 짙어가는 어머니를 볼 때 얼마나 큰 위로가 되는지 모른다. 이 세상의 어떤 값진 것보다, 이 세상의 모든 부귀영화보다 더 좋은 것으로 채워주실 하나님나라가 있으니 이보다 더 좋은 일이 어디 있는가. 이 세상의 것들은 그의 나라에 비해 얼마나 하찮은 것인가. 그 말씀은 우리의 삶이 이 세상에 대한 모든 집착과 미련으로부터 떠나 거룩한 나그네의 인생이요 청지기의 삶이라는 것과 나의 소망과 시민권이 천국에 있음을 깨닫게 해준다.

우리가 주님의 나라에서 다시 볼 때는 상함도 없고 눈물도 없고 고생도 없고 오직 기쁨과 충만한 평화만 있을 것이니 나는 눈물을 거둔다. 그리고 엄마를 바라보며 가만히 웃는다. 엄마도 따라 웃으신다. 하나님이 웃게 하심으로 우리는 함께 웃는다. 고통과 눈물의 골짜기를 인내와 사랑으로 통과한 엄마의 얼굴은 진주보다 아름답다. 우리 곁에서 하나님도 따뜻한 미소로 함께하심을 느낀다.

에필로그 **거룩한 일상**

하나님은 우리에게 많은 것을 요구하시지 않습니다.
그저 그분을 기억하고 예배하고 은혜를 구하면 됩니다…
당신의 노동 속에서 그분이 주신 것에 감사하십시오…
식사를 하고 대화를 할 때도 당신의 마음을 그분께 드리십시오.
아주 작고 사소해 보이는 순간에 그분을 기억하는 것이
그분을 기쁘게 해드리기 때문입니다.
꼭 큰 소리로 기도해야 하는 것은 아닙니다. 그분은 우리가
생각하는 것보다 훨씬 더 가까이 계시기 때문입니다.
_로렌스 형제

새벽 다섯 시. 내가 일어나는 시간이다. 제일 먼저 하나님 앞에서 경건의 시간을 갖는다. 말씀을 읽고 오늘 하루도 주님 안에서 신실히 하루를 보내게 해달라고 기도한다. 그리고 아침을 먹기 전까지 수학을 풀거나 글을 쓴다.

나는 매일 똑같은 길을 걸어 일터로 간다. 사택과 학교의 거리는 5분 정도. 잡목으로 우거진 칙칙한 길이지만 내가 거닐었던 파리의 골목길보다, 스위스의 어느 작은 마을보다, 부다페스트의 고풍 어린 길보다 나는 이 길을 더 사랑한다. 매일 같은 길을 오가지만 내일은 더 의미 있는 일로 채워질 것이고 더 좋은 사람들을 만날 것이고 더 기쁜 일이 있을 것이라고 기대한다.

내 일상은 시간표와 같다. 고등과학원으로 오기 전 서울대 시절에는 월요일엔 수업하고 저녁엔 ESF 학생들과 성경공부하고 화요일엔 불어 성경공부, 오후엔 어머니가 입원하신 병원에 들렀다가 저녁엔 순모임을 가졌다. 수요일엔 수업하고 학생들과 세미나를 갖고 목요일엔 세미나와 연구소에서 강의하고 점심엔 일대일 성경공부하고 다시 어머니를 보러 갔다. 금요일엔 개인적인 일과 공부를 하고 인문대에 가서 불어 수업도 청강했다. 토요일엔 아내와 아이들과 함께 꽃도 보러 가고 영화도 보고 연주회도 갔다. 주일에는 40년 동안 청년사역에 헌신해온 이승장 목사님이 시무하시는 행운동(예전의 봉천동) 예수마을 교회에 가서 예배를 드리고 집사로 순장으로 맡은 바 봉사를 했다.

고등과학원에 있는 지금은 수업만 하지 않을 뿐 비슷한 일상은 반복된다. 아마 앞으로의 삶도 한 손엔 성경, 한 손엔 수학책을 든 학자로 한결같을 것이다. 하지만 매순간 신성함과 아름다운 소망으로 내 영혼을 채우며 기도로 숨을 쉰다. 일상을 거룩함으로 반복하는 사람으로 살고 싶다. 현실을 아름다운 소망으로 채우는 것이 나의 의무요 그것이 내가 기쁘게 살아가는 삶의 공식일 것이다.

C. S. 루이스의 책「스크루테이프의 편지」에 이런 말이 나온다.

> 하나님은 인간을 영생하도록 운명 지으셨다. 그러므로 하나님은 인간이 두 가지에 주의를 기울이기를 원하셨다고 나는 믿는다. 하나는 영원 그 자체이고 또 하나는 인간이 현재라고 부르는 바

로 지금이다. 왜냐하면 현재는 영원에 잇대어 있기 때문이다.

그래서 나는 영원의 접점인 현재에 충실하게 산다.

나의 인생이 어쩌면 단순한 회색빛처럼 보일지라도 내게는 천만 가지 화려한 색채를 띤 창조의 길이다. 내가 선택한 길이요 내가 좋아하는 좁은 길이기 때문이다. 오늘도 나는 세상에서 가장 작고 연약한 형제로 그러나 강한 성령의 도우심을 받는 자로 이 자리에 서 있다. 미래에 나는 어느 곳에 있을지 알지 못한다. 다만 그리스도의 심장으로 이 시대와 내게 주어진 삶을 거룩하게 살려고 애쓰며 예수님이 그러하셨듯이 내가 처한 사회에서 사람들을 위로하며 복음의 능력을 그들의 삶 속에 전하고 있을 것이다.

어떤 작곡가는 한 곡이 완성될 때까지 그 곡을 절대 버리지 않는다고 한다. 일단 곡이 완성된 후에야 그 곡을 버릴지 발표할지 결정하는 것이다. "최선을 다해 완성하기 전엔 곡을 버릴 수 없다"고 그는 말한다. 나도 내 인생이 끝날 때까지 어떤 작품이 될지 알 수 없다. 그러나 땀 흘리며 열심히 살았다면 후회하지 않을 것이다. 비록 초라할지라도 하나님은 그렇게 노력한 삶을 '명작'이라고 칭찬하실 것을 믿기 때문이다.

아브라함의 나그네 인생을 항상 생각한다. 그가 하나님의 약속을 믿지 못해 소망의 닻을 내리고 싶을 때마다 나타나 하늘의 별을 보여주며 바닷가의 모래를 세게 하며 약속을 상기시켜주고 사그라진 믿음의 불씨를 다시 활활 타오르게 하셨던 야훼. 생명을 부지하기 위해 아내를 누이라고 속였던 그 연약한 아브람은 100살에 얻은, 자기 생명보다 귀한 이삭을 하나님 전에 바쳤던 믿음의 조상으로 거듭나기까지 25년을 하란에서 가나안으로, 가나안에서 애굽으로, 애굽에서 다시 가나안으로 장막을 수십 번 이동한 나그네였다.

그는 나그네였기에 땅에 집착하거나 기득권에 연연해하지 않고 하나님이 가라고 하시면 언제든지 장막을 거두어 떠났다. 약속의 땅을 향해 나갔다. 그러면서 그는 영원한 기업이 가나안 땅도 아니요 자신의 대를 이을 이삭도 아닌 야훼 그분 자체임을 깨달아 갔을 것이다. 그랬기에 그는 25년 만에 품에 안은 이삭을 야훼에게 돌려드릴 수 있었을 것이다. 사실 하나님이 주지 않으셨으면 얻지 못했을 아이였기에 그는 이삭을 자기 것이라고 할 수 없음을 너무나 잘 알았으리라. 나그네 인생을 살며 우리의 영원한 기업이 야훼임을 궁극적으로 배웠으리라.

나 역시 나그네 인생을 살며 깨닫는다. 나의 영원한 기업, 영원한 기쁨이 오직 야훼, 우리 하나님이라는 것을.

내 연구실 앞에는 중간 키의 나무들이 많이 보인다. 봄이면 벚

꽃들이 흐드러지게 피고 붉은 진달래와 하얀 목련, 노란 개나리로 캠퍼스에는 온통 꽃의 축제가 벌어진다. 나는 공부하다 지치면 자주 캠퍼스를 홀로 거닌다. 오고가는 학생들이 좀 더 나은 인생과 진리의 길로 인도되기를 기도한다. 지금은 선생으로, 학자로, 아버지로, 남편으로, 아들로, 형제로, 무엇보다 하나님의 사람으로 해야 할 일과 모범이 되어야 할 일이 많다. 분주한 일상 속에 내 속사람이 시들지 않도록 매순간을 인생의 전부처럼 여기며 살아야 한다. 누군가가 한 말이다.

"나는 10분 이상 길게 기도하지 않는다. 하지만 10분 이상 기도를 쉬지도 않는다."

나도 그 사람처럼 되고 싶다. 내 삶의 모든 부분에서, 내 인생의 어느 때에도 그분과 연합된 인생이 되길 바란다. 또한 거룩함에 부르심을 받은 자로, 선택된 백성과 충성스런 제사장으로, 거룩한 나라와 구원받은 민족으로 언제 어디서든지 그의 나라에 속한 사람으로서 여호와를 기뻐하는 데서 힘을 얻는 삶이길 원한다.

이 글을 고통과 절망 속에서도 위로부터 오는 빛을 의지하며 처절한 인생의 바닥에서도 다음 순간을 인도하시는 그분의 팔을 놓지 않는 모든 이에게 바친다.

〈좋은씨앗〉은 하나님의 말씀입니다. 이 말씀이 좋은 마음밭에 떨어져 하나님의 나라가 땅끝까지 확장되고 예수 그리스도를 본받아 그 향기를 품은 성령의 사람들이 세상에 넘쳐나길 기대합니다. 그래서 백 배, 육십 배, 삼십 배의 결실을 맺길 소망합니다(마 13:18). 천국은 좋은 씨를 제 밭에 뿌린 사람과 같기 때문입니다. 〈좋은씨앗〉은 이와 같은 소망과 기대를 품고 하나님께 출판 사역으로 쓰임 받기를 기도합니다.

기독대학인회(ESF: Evangelical Students Fellowship)는
사도행전 1장 8절에서 선포되고 있는 예수님의 지상명령에 근거하여
캠퍼스복음화를 통한 통일성서한국, 세계선교를 주요목표로 삼고 있는
초교파적 선교단체입니다.

ESP는
Evangelical Students Fellowship Press의 약어로
기독대학인회(ESF)의 출판부입니다.

ESP(기독대학인회 출판부)는 다음과 같은 마음을 품고
기도하면서 일하고 있습니다.

첫째, 청년 대학생은 이 시대의 희망입니다.
둘째, 하나님 말씀인 성경을 사랑합니다.
셋째, 문서사역을 통하여 성경적 세계관을 정립해 나갑니다.
넷째, 문서선교를 통하여 총체적 선교에 도움을 주고자 합니다.

기독대학인회(ESF)
142-815 서울시 강북구 송천 8동 317-8
전화 02) 989-3494 팩스 02) 989-3385
홈페이지 www.esf21.com 이메일 esfhq@hanmail.net

기독대학인회 출판부(ESP)
전화 02) 989-3476, 3477 팩스 02) 989-3385
이메일 esfpress@hanmail.net